Rolf Friedrich Schuett

Lob der Intoleranz

*Essays zu kultureller Dringlichkeit
und gesellschaftlicher Aufdringlichkeit*

Rolf Friedrich Schuett

Lob der Intoleranz

*Essays zu kultureller Dringlichkeit
und gesellschaftlicher Aufdringlichkeit*

Books on Demand

Bibliographische Information Der Deutschen Bibliothek:
Die Deutsche Bibliothek verzeichnet diese Publikation
in der Deutschen Nationalbibliographie; detaillierte
bibliographische Daten sind im Internet abrufbar über
http://dnb.ddb.de

Herstellung und Verlag :
BoD – Books on Demand, Norderstedt

Printed in Germany

ISBN 978-3-7526-7439-2

INHALT

Für Elke

Die Zielgruppe des Schützen sind seine Opfer

Gesetzt, ich wollte eine Zeitschrift ins Leben rufen, die es noch nicht gibt, die schmerzlich vermisst werden könnte von einer lukrativ umfangreichen "Zielgruppe" von prospektiven Abonnenten – sagen wir mal der immer zahlreicheren und langlebigeren Hochbetagten mit vielen Vorerkrankungen. Plus fachärztliche Dauerbeiträge und Psychofritzen. Testtitel :

Ur-Opa & Granny –
Zeitschrift für das Leben ab 80
(Ich selbst als altgierig naseweiser Senior-Editor?)

Zielführende Themen z.B.:
"Meine vielen Tabletten und ich".
"Warum besuchen uns unsere Urenkel nicht mehr?"
"Der Zahnersatz ist dir ins Klo gefallen : Was nun?"
"Pampern im Alter : Ein Tabuthema".
Oder : "Lustgreispotenz bei Inkontinenz".
Vielleicht noch etwas gewagter:
"Demenz als Chance!"

Wer liest so etwas? Zahlungskräftige Ur-Kundschaft mit fetten Pensionen? Ratloses Pflegepersonal in Proll-Altersheimen und "Seniorenresidenzen"? Die leidgeprüften jungen Angehörigen? Marktforscher ausgeschwärmt: Feldforschung, randomisierte Doppelblindstudien mit Tiefeninterviews, Gratis-Nullnummer, Testausgabe, das ganze Problemspektrum!

Geht solches Periodikum mit einer permanenten Beilage: *"Freund Hein − Ende ohne Schrecken"*? Schreckt so etwas eher ab, oder gibt es dafür einen ungedeckten Lesegeheimbedarf?

Zielgruppen. Konzentrieren wir uns bei dem unübersichtlichen Thema an dieser Stelle auf ein naheliegendes wie signifikantes Beispiel. Autoren haben ihre noch nicht sehr spezielle *Zielgruppe* in ihren potentiellen Käufern oder in Verlagslektoren und Kritikern (die ihr Schreiben nie aus den Augen verliert). Das etwas engere angepeilte „Marktsegment" eines Krimiautors besteht so vor allem aus habituellen Krimilesern, einer Stammklientel, die erfahrungsgemäß auf bestimmte Werbesignale mit Reiz-Reaktionsautomatismen so verlässlich einschnappt. Diese werden angesprochen an speziell dafür vorgesehenen Marktorten, wo sie voraussichtlich nach *ihrem* spezialisierten Lesefutter suchen könnten. Leserzielgruppen sind also Begriffe der professionellen *Marktforschung* von kommerziellen Verlagshäusern, die ihren Absatz planen und ihre Autoren-Ressourcen verwalten müssen, um auch nur überleben zu können durch ständige inflationäre Qualitätsselbstunterbietung.

Als das Theaterstück „En attendant Godot" („Warten auf Godot"), nachdem es lange Zeit vergeblich eine geeignete Bühne gesucht hatte, dann schließlich 1953 in Paris beim frenetisch applaudierenden Premierenpublikum eine begeisterte Aufnahme fand, soll der Autor *Samuel Beckett* ehrlich bestürzt und entgeistert sich gefragt haben – und das ohne jede Koketterie : „Was habe ich falsch gemacht?!" Hatte seine Kunst sich etwa in der „Zielgruppe" geirrt?

Autoren, die gezielt für bestimmte marktsegmentierte Zielgruppen schreiben, haben sich freiwillig zu Schreibknechten („Negern") von Druckmedien und Plat(t)formen gemacht, also machen lassen. Sie haben sich damit als seriöse Schriftsteller definitiv selber aufgegeben und sind handwerklich oft sehr geschickte Lesestofflieferanten und Suchtmitteldealer geworden, die eingespielten kunstgewerblichen Routinebedarf decken, um höhere Auflagen und Honorarmargen zu erzielen, welche wiederum auch den Verlag animieren, immer mehr in ihre Dukatenesel zu investieren. Da lohnen sich Pflichtlesereisen und opulente Messeauftritte der Werbe- und Gewerbestars.

Wenn ein Autor aber schon unbedingt eine bestimmte *Zielgruppe* im Auge haben möchte, um mehr daran zu verdienen und seinen Ruhm zu mehren, sollte er ja keine möglichst breite Zielgruppe seiner Marktattacken wählen, sondern eine denkbar kleine – je anspruchsvoller, desto überschaubarer.

Auch ohne ausgefeilte Marketingstrategien weiß jeder vorwissenschaftlich intuitiv, dass die Zielgruppe eines publizistischen Kassenschlagers und „Bestsellers" ein breitgestreutes Massenpublikum ist und dass die Zielgruppe eines rezensionswürdigen Meisterwerks ein schmales Nischenpublikum von Connaisseuren und Liebhabern ist, die ja auch versorgt sein wollen. Ein lukrativer Kunstgewerbekitsch findet Massenabnehmer, Produktion von niveauvoller Qualitätskunst ist entweder ein Hungerberuf oder keine Kunst. Literatur ist brotlos oder nur Entertainerdroge.

An dieser Stelle mag einmal mehr mein Wort am Platze sein : **Erfolgloses kann, Erfolgreiches muss Mist sein** − auch und gerade in Kunst und Kultur. Ein übersehener Autor könnte ein verkanntes Genie sein, ein *gutgehender* aber ist es mit nachtwandlerischer Sicherheit nicht, sondern eher ein ranschmeißerischer Kitschier, eine makulierwürdige Eintagsfliege, die für ein Jahrhundertmirakel ausposaunt wird von geschäftstüchtigen Promotoren, Investoren, *Influencers* und zahlungskräftig zahlreichen Abnehmerscharen.

Max Horkheimer warf dem Schriftsteller *Thomas Mann* einmal vor, für Geld zu schreiben, also den Geist zu verhökern statt zu verschwenden − als wohlhabender Ehemann einer reichen Gattin, der es eigentlich gar nicht nötig hatte. Aber der kritikallergische Mann (miss)brauchte seine hohen Einnahmen zu Prestigesymbolen; sie waren ihm eher Arzneien gegen Statusdepressionen und artistische Potenzzweifel als gegen Hunger und Sozialabstieg.

Ein unbestechlicher Autor ist kein käuflicher, sondern ein schwerverkäuflicher Autor, aber natürlich nicht jeder ungelesene Stümper ein böswillig unterdrücktes Naturtalent. Im Idealfall ist der Autor kraft Autorität seiner Texte nichts als ein geistiges Unikum, das ein erratisch unverständliches und enigmatisches Unikat in den Ring wirft und sich achtlos dann an seine nächste Arbeit macht, ohne auf Beifall zu rechnen oder auf Zieltruppen samt Fan-Kommentaren zu schielen.

Man sollte entweder intransigent gegen seine Zeit schreiben oder seine Feder wegwerfen und etwas einträglich Nützlicheres tun. Das und nur das ist die einzig mit intaktkünstlerischem Gewissen noch halbwegs vereinbare intellektuelle Haltung der Kunst und Kultur heute gegenüber. Alles andere ist widerwärtiger Schmu(s) oder bloßer Bierausschank. Wozu die gesamte heutige „Popkultur" zählt, dürfte danach keiner gesonderten Untersuchung mehr bedürfen. Rare Autoren wie *Reinhard Jirgl, Jürgen von der Wense, Martin Kessel* oder *Henryk Elzenberg* z.B. bleiben hingegen wohltuend im Schatten des freien Marktes und etablierten Kulturbetriebs. Authentische Autoren, die diesen Namen noch verdienen, sind heute vielleicht Selbstverleger, die ihre Werke möglichst so gut wie gratis anbieten. Sie leben *für* ihre Kunst und nicht *von* ihr, im Gegensatz zu geilen und feilen Kunstgewerbetreibenden. Und sie schielen und schießen auf überhaupt keine Zielscheibengruppe, sondern schreiben für einen Einzelnen, der selber sucht, also für niemanden, mithin ins Blaue das Blaue vom Himmel herunter. Sie rennen keinem einzigen Leser und Lobredner hinterher, sie schmücken sich nicht wie Huren, die nach Freiern fischen. Sie bieten sich nicht feil, sondern verausgaben sich kostenlos und lassen sich finden in ihren Verstecken.

Die Werkzeuge und Online-Schaufenster für „Selfpublishing" stehen jedem geneigten Autor, der nicht von vornherein nur für die eigene Schublade arbeiten will, heutzutage preiswert oder kostenlos zur Verfügung. Die Zielgruppe von Popkultur ist eine Zielmasse und sollte dafür hoch blechen; die „Zielgruppe" für Hochkultur besteht nur aus isolierten Individuen, die beschenkt werden sollten. Aber keine Bange, selbst geschenkt wird Hochkunst nicht beachtet! Hochkultur ist unterhaltsamer als alles, was "nur unterhalten" will, und hat keine Zielgruppe, nicht einmal mehr ein bildungsbürgerliches. *Zielgruppen* sind heute mediale Zielscheiben für geistigen Blattschuss.

Jedermann zählt zur Zielgruppe der Gesellschaft, die seine Zielscheibe ist. Die Zielgruppe des ehrlichen Autors bestehe aus allen Lesern, gegen die es anzuschreiben gilt, denn der ehrliche Leser will gegen sich selbst lesen und sich zutiefst in Frage stellen lassen. Will sagen, der wahre Autor schreibt und liest permanent gegen sich selbst, also gegen alles, wozu der *Zeitgeist* der Gesellschaft ihn und seinen Leser gemacht hat.

Spricht daraus wirklich nur das Ressentiment eines Erfolglosen, der aus der Not eine Tugend macht?

Lob der Prominenz

Ich weiß gar nicht, was alle immer gegen mich haben. „Promi" hat einen so verdächtig verächtlichen Klang, dass sich doch nur gelber Neid und hochnäsige.Missgunst darin verbergen kann, oder? Fast jeder, den ich niemals beehre, lacht und lästert über mich und verhöhnt mich „satirisch", weil er selber eben von mir noch nie ins Scheinwerferlicht der Öffentlichkeit getaucht worden ist. Aber ich laufe schließlich nicht meinen Verächtern hinterher. Wer nicht Tag und Nacht von mir träumt und bereit ist, wirklich alles für mich zu tun und jede Unterhose *coram publico* herunterzulassen, dem helfe ich auch nicht auf Siegertreppchen der (all)gemeinsten Aufmerksamkeit.

Aufmerksamkeit des Publikums sei ein rares Gut in der Mediengesellschaft, höre ich immer wieder. Jeder verfüge nur über eine begrenzte Zeit und Lust, nach anderen Menschen als sich selbst zu fragen, und rauft um das geringste Quäntchen Beachtung in der Massenmedienlandschaft. Dazu ist schon eine Art von selbstbesoffener Selbstverleugnung nötig, zu der nicht jeder den Mut und die Anlage hat. Meinen Anbetern, die sich selbstlos in meinem Dienst aufreiben, habe ich immerhin einiges zu bieten, einen hohen persönlichen Bekanntheitsgrad in der anonymen Massendemokratie, gleichgültig, ob nun durch erwünschte oder verhasste Eigenschaften. Auch ausgewiesene Ekelpakete können sich in meinem Glanz sonnen und sich ihren Mut zur Hässlichkeit oder zur allgemeinen Missachtung bewundern lassen.

„Pro-minent" heißt heraus-ragend, und aus der Herde der grauen Mäuse hervorragen kann auch und gerade, wer gar nichts Hervorragendes ist und hat und kann, nichts, als mit meiner bescheidenen, aber unerlässlichen Hilfe sich selbst zu produzieren auf einer Bühne, die nur ich zur Verfügung stellen kann - ich, die verachtete, bewunderte und ersehnte Prominenz höchst selber. Durch das Werkzeug dieser allumfassenden Verehrung, Verachtung und Sehnsucht schaffe ich allein die *Celebrities* und *Very Important Persons* meiner Zeit, jedenfalls für eine immer begrenztere Zeit.

Fidelmusikanten erhöhe ich zu gefeierten Musikern, Grölbacken rufe ich aus zu Popsängern mit goldener Kehle, Boxervisagen verschaffe ich ein frauenschmelzendes Adelsprädikat, Hinterstuben-Conférenciers erhebe ich zu saalfüllend begnadeten Entertainerakrobaten, Stammtischstrategen zu gefürchteten Landespolitikern mit zwielichtigem Charisma. Ich kann den A-VIP zum B-VIP machen und natürlich auch den Z-Promi umgekehrt zum C-Promi. Ich mache aus jedem jeden anderen, vorwärts und rückwärts, je nach meiner Laune. Ich reiße meine Auserwählten auf den Olymp der allgemeinen Anerkennung und stürze meine Opfer zurück in den Orkus der Hordenanonymität.

Jeder erkennt andere an, um von anderen anerkannt zu werden. *Hegel*, ein Promi der Philosophie, erklärte diese gegenseitige freie Anerkennung aller Personen zum Wesen jeder Gesellschaft. *Prominent* aber ist, wer denen bekannt ist, die er selber gar nicht kennt und (aner)kennen muss.

Ausnehmend schwer habe ich es mit meinen eminent *politischen* Schützlingen und Favoriten. Sie werden vom namenlosen Publikum besonders kritisch beäugt und hämisch begleitet. Niemandem können sie es wirklich recht machen, und jeder Stümper glaubt es besser zu wissen und zu können als die durchschnittliche politische Rampensau. Ihre Diäten sind allen ständig zu hoch, ihre Leistungsbilanzen zu erbärmlich, ihre Auftritte zu unverschämt, ihre Ansprüche überzogen, ihre Weltanschauungen Spermüll, ihre Reden lächerlich salbungsvoll und nichtssagend.

Auf diesem Gebiet werden wirkliche Könner von intellektuellen Kennern besonders häufig verkannt, z.B. historische Größen wie US-Präsident *Reagan* („B-Cowboy"), *Johannes Paul II.* („Woytila-Papst"), Einheitskanzler *Kohl* („EU-Birne") oder die amtierende Kanzlerin („Flüchtlingsmutti"). Ich, die so unprominente Prominenz in Person, behaupte einmal, dass das Gegenteil ebenso wahr ist : Politiker sind gemeinhin besser und ihre Kritiker unfähiger als ihr Ruf. Dafür trage ich Sorge in aller Bescheidenheit.

Politiker kritisieren gegnerische Politiker kompetenter als der tatenlos kommentierende *fellow traveller* im Publikum, der den praktischen Gegenbeweis immer schuldig bleibt. Politik sei die "Kunst des Möglichen" und „ein Bohren sehr dicker Bretter“, schrieb ihr großer Soziologe *Max Weber*, der selber politische Ambitionen pflegte. Es gibt viel weniger *verkannte Genies*, als die meisten Zeitgenossen glauben, und unter den Kritikern der prominentesten Politiker besonders wenige.

Wer meine bekanntesten „Promis" verachtet, verachtet recht undemokratisch das Geschmacksurteil der Mehrheit, das von den Massenmedien ja oft viel weniger erst geschaffen als nur gespiegelt wird. Wer dem Urteil der Gebildeten mehr zutraut als dem Mehrheitsvotum, lasse sich von den so häufigen politischen Fehlurteilen der Intellektuellen eines Besseren belehren.

Und ich bin vielseitig und nicht borniert, produziere am laufenden Band Tagesberühmtheiten, Monatspromis, Jahresprominenz und etwas seltener auch unsterbliche Jahrhundert-VIPs der Kultur wie Shakespeare, Bach, Rembrandt, Kant oder Einstein.

Natürlich generiere ich auch „schlagzeilenträchtige"
Dutzendware wie spektakuläre Skandalauftritte und
Affären von kümmerlichen Nobodys mit einer relativ geringen Halbwertszeit des Ruhms. Ich blase
meine Lokalpromis auf wie meine Welt-VIPs, meine dreisten „Big Brothers" und kurzlebigen „Super-
stars", die immerhin noch gut sind für Produktwer-
bung und als *charity celebrities* ehrenamtliche
Spendenaufrufe für wohltätige Zwecke zieren. Meine Promis leiten Charity-Aktionen, durch die sie oft
erst prominent werden.

Auch mit Mühe erlangte „traurige Berühmtheit" hat
immer noch besseres Image als steinerweichendes
Verkanntheitsdunkel.

Der Jahrzehnt-Promi *Andy Warhol* versprach im
Medienzeitalter jedem Menschen die Chance zu
wenigstens einer Vierteilstundenprominenz, und das
lassen sich bis heute sehr viele ruhmsüchtige Zeitgenossen gesagt sein, die unter ihrer grau(mäu)sigen
Namenlosigkeit entsetzlich leiden, auch wenn sie
sonst mit allem reich gesegnet und überversorgt sein
sollten. Dort bin ich ein unrühmlich verkannter
Wohltäter, der im Ruf steht, nur Scharlatane, Hochstapler, Windeier, Eintagsfliegen und unwürdige
Wichtigtuer mit unverdienten Ehren zu überhäufen
(und übersehene „wahre Größe" dafür in Kohlenkel-
lern verschimmeln zu lassen).

Habe ich mich hier einmal mehr geschmückt mit der fremden Feder meines Kollegen *Erasmus von Rotterdam,* der 1509 sein unsterbliches Selbstlob der Torheit („Encomium moriae") dem (von Heinrich VIII. später prominent hingerichteten) Freunde *Thomas Morus* gewidmet hatte?

Ich selbst wenigstens werde ewig prominent bleiben, denn als ich noch nicht so inflationär entwertet daherkam wie heute, hieß ich noch „unsterblicher Ruhm" und war das Privileg großer Feldherren, Könige und Kulturfürsten. Doch das ist lange her und meine Tränen nicht wert.

Den vielen, die einer Prominenz niemals näher kommen, als von Prominenten Autogramme oder *Selfies* zu ergattern, seien getröstet durch ein prominentes Wort des adligen Revolutionsflüchtlings *Antoine de Rivarol,* der im Hamburger Exil um 1800 schrieb : „L'obscurité protège mieux que la loi." (Der Edel-Promi *Ernst Jünger* übersetzte begeistert: „Unscheinbarkeit schützt mehr als das Gesetz.")

Die Prominenz-Ärzte, die früher „eminenzbasiert" töteten, bringen heute um durch „evidenzbasierte Medizin". Die Zeiten ändern sich − und ich mich wohl mit ihnen ...

Vorbild ist schon, wer eins hat, egal welches

Albert Schweitzer, Mutter Teresa, Gandhi, Madonna, Maradona, Max Schmeling, Greta Garbo oder Thunberg, oder doch lieber Bach, Rembrandt, Aristoteles, Shakespeare und Einstein?

Von Albert *Einstein* habe ich *relativ* wenig. Im Alter von 15 Jahren war er mein Vorbild gewesen. Erreicht habe ich nur seine Abneigung gegen Friseure (und gegen absolute Relativierung von allem).

Mit 20 Jahren war Jean-Paul *Sartre* mein erkorenes Vorbild gewesen, doch er hat mich nur „verdammt zur Freiheit" von seiner Freiheitsphilosophie, und ich bin eher zu einem "Nichts" vor seinem "Sein" geworden. Zu seinem Lehrer *Heidegger* schwang ich mich nur soweit auf, dass ich "Feldwege" lieber gehe als "Holzwege" zum "Seyn des Seienden".

Mit 25 Jahren erhob ich den Sozialphilosophen Theodor W. *Adorno* zu meinem leuchtenden Vorbild und schrieb dann doch nur „Maxima Amor'alia", und es blieb zwischen uns der „kleine Unterschied", den er zeitlebens verherrlicht hatte, ein Riesenabgrund.

Mit 30 Jahren stürzte ich mein Idol G. W. Fr. *Hegel* vom Heiligenpodest, da er mich den dialektisch "organiserten Widerspruchsgeist" auch gegens große Ganze gelehrt hatte, das er als Hort der Wahrheit verteidigte gegen alle unwahr verabsolutierten Teilwahrheiten.

Mit schon 40 Jahren inthronisierte ich den Pater-Brown-Erfinder Gilbert *Chesterton* und schrieb in seinem Windschatten erste schlechte Aphorismen. -- Mit 50 Jahren … und so weiter.

Irgendwann beschloss ich entnervt, mein eigenes Vorbild zu werden, erklärte mich zum Originalgenie und kopierte mich fortan ungeniert, da niemand sonst Lust zeigte, mir nachzueifern. Dann war der ehrgeizig Gelehrige eines Tages alle Weltbilder und falschen Vorbilder leid und versuchte es mit Hochkulturbildung jenseits der bloßen Ein- und Ausbildung und Herzensbildung. Das brachte den begriffsstutzigen Lehrling weg von allen bunten Glotzbildern der Einbildungskraft und erschloss ihm die abstrakten Begriffe der Urteilskraft. Das persönliche Vorbild einer Person wurde ersetzt durch Platons sachliches Urbild aller Dinge. Der Geselle wurde wie alles auf der Welt zum unvollkommenen Abklatsch von himmlischen Meisteridealen, ein minderes Ebenbild des Allerhöchsten. „Ihr sollt heilig sein, wie ich es bin." Das war nun noch unerreichbarer als mein früher Einstein und entmutigte vollends.

Immerhin kann das imperfekte Abbild eines perfekten Vorbilds zum glänzenden Vorbild noch schlechterer Kopien werden, und alles wiederholt sich dann auf niedrigerer Ebene. Erst dichteten meine Kinder mir Wunder an Vollkommenheit an, einige Jahre später dann schon Kainsmale an Verkommenheit, um mich los zu werden als gutes wie als schlechtes Beispiel. Der Sturz vom Anbetungswürdigen zum krass Verbesserungsbedürftigen war hart. Erst war ich übermächtiges Schicksal für sie, dann nur noch übermäßiges Scheusal. In jedem Abgott lauert ein Teufel in Menschengestalt und das nicht nur, weil er unerreichbar hoch und fern bleibt wie eine Fata Morgana, die vor dem Vorwärtsdrängenden ständig zurückweicht und zu fliehen scheint.

Am besten überwindet man einen erdrückenden Vorbildcharakter, indem man ihn übertrifft – oder kurzerhand entwertet. Wer nicht über mir ist und mir über, der ist unter mir, entweder weil mein Streben ihn hinter sich gelassen hat oder ihn von vornherein keiner Konkurrenzanstrengung für wert hält.

Leute, die Vorbilder brauchen, sind nicht meine Vorbilder. Am Ende erreichen sie nur, etwas oder jemanden anzuhimmeln statt zu erreichen und schließlich enttäuscht mit Füßen darauf herumzutrampeln, um ihr überschätztes "Selbstwertgefühl" zu retten. *In den Staub mit dem, vor dem man im Staub lag!?* Kann es ein leuchtendes Vorbild sein, alle leuchtenden Vorbilder zu stürzen und als

Schreckgespenster triumphierend zu „entlarven"? Wer Vorbilder übertrifft und damit überwindet, wird vielleicht selber Vorbild für andere Bilderstürmer oder Maschinenstürmer.

Ein Vorbild einzuholen heißt, es zu überholen und sich zum Vorbild seines Vorbilds aufzuschwingen – wozu hat man eine Einbildungskraft und blühende Phantasie oder auch nur *Fantasy*? Das Image ist ein Produkt eigener oder fremder Imagination.

Statt ewig mit hängender Zunge hinter der am Kopf befestigten Mohrrübe stumpfsinnig herzurennen und fremde Karren aus dem Dreck zu ziehen oder vor die Wand zu fahren, kann der Esel dem Bauern einen Vogel zeigen und unverführbar störrisch stehen bleiben. Solche blitzschnellen Abwertungsorgien und magischen Umdeutungskünste vor angesonnenen Zielmarken sind bequemer, aber unrühmlicher als die Sisyphusarbeit, moralische, sportliche und kulturelle Höchstmesslatten zu berühren und sich im Glanz eines fast allgemeinen Beifalls zu sonnen. – Bin ich schon im Kopf, was ich noch nicht bin in der Tat, und bin ich noch, was ich schon nicht mehr bin, wenn ich ehrlich mich mühe : ein Stümper?

Erst (g)eifern wir – meist unbewusst – unseren Elternfiguren nach, teilen ihre Ziele und erstreben die Erfolge dieser Mustermodelle und ihr bestauntes Ansehen. Erst später suchen wir die Anerkennung unserer gleichaltrig gleichgeschlechtlichen *Peer-*

groups und deren Alphatiere mehr als das Lob und den „Glanz im Auge der Mutter" oder anderer *primärer Bezugspersonen,* um noch etwas später beides nicht mehr nötig zu haben und fehlerbehaftete Personen durch makellose Ideale zu ersetzen und noch später durch platonische *Ideen,* die objektiven Wesensbegriffe aller Dinge jenseits unser irrigen *Doxai.* Alfred North *Whitehead* nannte die abendländische Philosophie eine „Reihe von Fußnoten zu Platon". Gefühle brauchen griffig konkrete Vorbilder, aber Gedanken und Taten wie Untaten brauchen eher abstrakte Allgemeinbegriffe.

Doch vorbildliches Verhalten von Personen imponiert uns zeitlebens mehr als die persönlich unverkörperten Ideale, und *Promis,* Spitzensportler, Popsänger und Filmstars rangieren in der sozialen Ruhmskala weit vor singulären Gelehrten und Geistesgrößen, die eher als verstiegene Zerrbilder gelten, Vexierbilder statt Vorbilder.

Bloßes Nachmachen (von vorgemachtem Realisieren von Vorbildern) gewinnt selber Vorbildcharakter. Gute Kopie wird vorbildlich. Nachahmen sei besser als erziehen, heißt es. Wer Mathematik lernen will, ahme gute Mathematiker nach. Wer origineller Künstler werden will, kopiere andere originelle Künstler, sonst wird er nur ein kauziges Original. *Auerbach* verteidigte in der Kunst die körpernah leibhaftige „Mimesis" und Hegel das „sinnliche Scheinen der Idee im Stoff" als ästhetisches Ideal.

Ideen der Vollkommenheit sind nach *Kant* Leistungen der Vernunft, laut seinen Nachfolgern *Maimon* und *Fichte* aber nur Normleistungen der privaten Einbildungskraft.

Mein Hauptkonkurrent ist mein eigenes Zielprojekt, aber ist mein Spiegelbild schon mein Vorbild? Wer sich der Sonne entgegen(st)reckt, will nicht die Sonne werden. Meine eigenen Vorbilder sind gerade die verborgenen Kehrseiten der Dinge, aber das eigenes „Ich-Ideal" ist laut *Freud* auch ein gewissenhaftes „Über-Ich", dessen Autorität vernünftig oder angemaßt sein kann. Vorbilder beflügeln, und Autoritäten lähmen, heißt es, aber Vorbilder sind selber autoritär und haben (ehr)furchtgebietende Autorität (wie die der großen Autoren).

Erreichen wir selber unsere Vorbilder, oder machen Vorbilder uns nur zu ihren Werkzeugen, um sich durch unsere Anstrengungen hindurch zu realisieren? Der Beste wird Vorbild, der Schlechte aber Kumpel. Das Vorbild, ins eigene „Über-Ich" (Freud) implantiert, verdammt uns zur Minderwertigkeit gegenüber unserem eigenen „Ich-Ideal". Das demütigt und kann den Nachahmungseifer ziemlich entmutigen, wenn die Ziellatte zu hoch (oder zu niedrig) gehängt ist. Ein Menschenkind muss sich schon (st)recken, aber die Türklinke durch Hochspringen auch erreichen können, wenn das Ziel nicht erhebend und hemmend zugleich wirken soll. Recke dich, strecke dich oder verstecke dich und verrecke!

Muss das leuchtende Vorbild aber sozial anerkannt sein, wenn es nicht zum abschreckenden Beispiel werden soll?

Heutige Kinder sind Vorbilder ihrer Eltern, selbstbewusst laut und ellbogenfrei dummdreist gefallen sie den großen Verwachsenen am besten, gerade wenn sie die damit quälen.

Es wird noch kein *Goethe,* wer *frisset und säuft* wie er. Ein Menschenkind, das seinem Rat folgt, missrät. Ein Christ eifert lieber dem Geringsten nach als allem Großen. Das Bild, das einer von seinem Vorbild sich macht, trifft es selten. Der Mutige wählt sich zum Vorbild nicht den Übermütigen und der Feigling nicht den Mutigen, sondern den Schwermütigen, Großmütigen oder Anmutigen.

Vorbilder sind Anreize, besser zu werden, aber besser als Menschen oder als Fußballer? Das geistesadlige Antlitz eines Boxweltmeisters oder die *Visage* eines schielenden Sartre – was lockt und droht mehr? Nimm lieber gleich das Vorbild deines Vorbilds oder dessen Vorvorvorbild – einen Götzen.

Heute *ist* man schon ein Vorbild, wenn man nur eines *hat,* egal welches. Die meisten Vorbilder ähneln übrigens dem Teufel (dessen grosses Vorbild sein Gegenspieler ist).

Als Vorbild dient nicht mehr ein Christus, als aufgeklärtes *Leitbild* gilt das Grundgesetz der Verfassung, also die Utopie der säkularen Menschenrechte.

„Der Satz : *Alle Menschen müssen sterben*, paradiert zwar in den Lehrbüchern der Logik als Vorbild der allgemeinen Behauptung, aber keinem Menschen leuchtet er ein." *(Freud)*

Für jemanden, der vom "Werteverfall" raunt und unbedingt Vorbilder braucht, sollte erst einmal zum Vorbild werden, seine Vorbilder nicht unter heutigen Medienstars und Promis zu suchen, sondern vielleicht ausnahmsweise unter ausgewiesenen Denksportgrößen, unter den Besten in Künsten und Wissenschaften.

Im Roman und Theater sind Gelehrte irre Verbrecher oder weltfremde Pedanten, nie helle Vorbilder.

In Spiegeln sieht man Vorbilder und Weltbilder.

Wer Menschen vergöttert, vermenschlicht
den Teufel, und bete bitte lieber noch Bilder
und Vorbilder an als dich selbst!

"Ich suchte nach großen Menschen. Ich fand immer nur Affen ihres Ideals." *(Friedrich Nietzsche)* Viele Menschen nahmen sich seither Nietzsche zum Vorbild, den neuen "Übermenschen", einen kranken Krüppel, der Mitleid hasste, doch selber erregt.

Und dann gibt es last not least natürlich noch die hierzulande so verehrten "stillen Helden des Alltags", selbstlos couragierte Nothelfer, die nie verkannten Genies der Durchschnittlichkeit, welche vom Durchschnitt etwas zu lauthals gefeiert werden, entgegen dem, was von ihnen gern behauptet wird. Sie allein werden niemals übersehen.

Wurde jedes Etikett schon Schwindel?

Alles, was man sagt, sollte wahr sein, aber man muss nicht immer alle Wahrheit sagen, sagte *Kant*, und so hält es auch die wahre und justizfürchtige Etikettierung der meisten heutigen Waren, Informationen und Dienstleistungen. Entscheidendes muss nicht gelogen sein, darf aber wohlweislich verschwiegen werden.

Die eine Hälfte aller Werbung verpufft ins Leere, klagt der Unternehmer, man weiß nur leider nicht welche. Jedes Warenetikett ist ein heilloses Knäuel aus balkenbiegender Reklamepoesie und vorgeschriebener Sachinformation, und der ratlose Kunde ist oft der letzte, welcher dieses raffiniertere Durcheinander entwirren kann.

Aber ist es nicht naiv zu erwarten, dass nicht *jegliches* Warenetikett ein Schwindel ist, der aber schon lange niemanden mehr schwindlig macht? Ein Etikett ohne Schwindel klebt an einer Ware, die nicht verkauft werden will. „Die Welt will betrogen sein", heißt es sprichwörtlich, und man tut ihr auch im Allgemeinen diesen Gefallen. Eine Ware verspricht ja kein nur mehr oder weniger nützliches, intaktes und funktionsbeschränktes Gerät, sondern eine ganze Weltanschauung und paradiesische Poesie, und das kann nicht gutgehen. Jeder weiß das und tut vor sich so, als wüsste er es nicht und werde nur ständig geleimt und nach Strich und Faden über den Tisch gezogen.

Das Geschrei über *Etikettenschwindel* ist pure Heuchelei, da jeder weiß, dass die Versprechen der Werbung nicht wörtlich zu verstehen sind und die eingestreuten Produkt-Informationen zumeist nicht mehr als die halbe Wahrheit abgeben können. Man will aufgeklärt werden, aber man wird eigentlich nicht einmal aufgeklärt darüber, dass einem nichts wirklich klar wird. Technische Infos zu technischen Geräten bleiben für den Laien letztlich Hekuba, denn ihren Sachgehalt kann er nicht wirklich abschätzen. Angaben von Inhaltsstoffen in Lebensmitteln sagen höchstens Medizinern und Chemikern genug. Die garantierte Qualität angebotener Dienstleistungen ist auch vor Schiedsgerichten oft nur Ermessenssache mit breitem Spielraum für diffuse Auslegungen.

Platons Ideenlehre war vor 2400 Jahren der erste ernsthafte und radikale Versuch, dieses Thema zu verstehen. Die ganze Welt ist laut Platon ein einziger Etikettenschwindel, da sie verspricht, ihrem eigenen Inbegriff zu entsprechen und dieses Versprechen *prinzipiell* nicht einlösen kann − nicht nur der menschgemachte, sondern auch der schon vorgefundene Kosmos. Polit-Werbung wie jede Ideologie etwa verspricht eine ideale Möglichkeit und hält nur die reale Welt.

Der biblische Monotheismus (Platon als "Moses graecus") verschärfte das abermals zu der Theorie, dass die reale Welt nur eine Werbeveranstaltung Satans sei, also ein prinzipieller Etikettenschwindel, und dass die Wahrheit nicht von dieser Welt sei. Gar nichts sei in Wahrheit so, wie es hienieden auftrete und sich darbiete.

Der Teufel sei ein Marktmonopolist für irdische Güter, seine Hölle ein Universalkonzern aller sehr hübsch verpackten und noch hübscher beworbenen Güter und preist sich als das Paradies selber an. Jede seiner Waren sei nur ein Fallstrick, der ins Fegefeuer der Reue und der Enttäuschung führe. Jedes Ding dieser Welt-GmbH sei wie eine geschminkte Hure auf dem Marktplatz : Liebeswerbung mit lauter übertriebenen Verheißungen. Wer das wohl versteht und trotzdem begierig zugreift, müsse die naturgesetzlichen Folgen selber tragen. Dazu sei kein göttlicher Strafeingriff von oben nötig, denn was man *Moral* nennt, ist laut biblischer Theorie nur die praktische Konsequenz aus Naturgesetzen der Schöpfung - eine Reihe von guten Tips des Allproduzenten, der seine Lieblingsgeschöpfe nur vor Satans sensationellen Sonderangeboten dringend gewarnt haben will.

Die "aufgeklärte" Konsumwelt hat diese Hinterwelt-sicht der Dinge längst gekippt und vertraut eher auf löchrige EU-Verbraucherschutzgesetze. Die Zeit, als die Dinge für uns noch einen reellen „Gebrauchs-wert" besaßen, den ein Karl *Marx* gegen blossen „Tauschwert" des Marktes aufrechnete, sind aber vorbei. *Sein und Schein*, Ware und Etikett : Platon wusste bereits alles, als es den Industrialismus noch gar nicht gab. Das wahre Sein hinterm schönen Schein ist hässlich, weil es nichts ist vor dem wah-ren und schönen Begriff von der Sache, und dieses versteckte Ideal mache selbst den schönsten Schein zu einer hassenswerten Sache.

Man will nicht gern wahrhaben, dass die moderne Hightech-Industrie inzwischen fast nur noch sinnlo-sen, überflüssigen und oft lebensgefährlichen Unfug anbietet, den jeder sich letztlich zwingen muss zu brauchen und zu kaufen, damit er seinen hassgelieb-ten Arbeitsplatz nicht verliert. Diese Warenwelt ist inzwischen ein einziger Etikettenschwindel, weil das hochindustrielle Füllhorn seine prostituierten Schätze aus dem (ebenso läuternden wie schlecht erläuterten) Fegefeuer verkaufen muss für den Himmel auf Erden, wo alle Waren doch tatsächlich längst aus der *Büchse der Pandora* fallen.

Der Schein ist längst das Sein selbst, alle Ideale "scheinen" industriell realisiert.

Wo "wahre Liebe" draufsteht, ist nur beliebte Ware drin. Auch die markig "echten zwischenmenschlichen Beziehungen" waren wohl immer Schwindel und zumeist das Gegenteil von dem, was von ihnen ausposaunt wird, also fehletikettierte Marktbeziehungen. In den teuersten Autos z.B. sitzen die hübschesten Beifahrerinnen. Die Etikette verlangt es. Geliebte Menschen werden "Waren als Fetische" (Marx); Satiriker haben es stets bemerkt.

Auch Politiker gelten gern als Etikettenschwindler, die Scheisse als Gold verkaufen, können aber kaum schlechter sein als ihre Kunden, von denen sie gewählt sein wollen und die als Politiker selber nur selten ehrlicher wären. Der Mensch ist frei und wär' er in Etiketten geboren?

Auch ein selbstkritisches Understatement-Etikett übrigens kann nur einmal benutzt werden und dürfte zumeist wenig mehr als beifallheischende Eitelkeit sein und *fishing for compliments*.

Modernes *Sodom & Gomorrha* der Massenmedien: Noch nie vernahm man eine so schwindelerregend überzeugende Selbstverteidigung des univeralen Schwindeletiketts gegen seine Ankläger wie diese schlagwortgewaltig einschmeichelnde : ein Meta-Etikett, ein Reklame-Etikett auf dem Etikett selbst, Es wird wichtiger als die annoncierte Ware, und der Betrug fällt fast auf sich selbst herein. Ein Hohelied der Werbephantasie …

Ob cool, ob hot, alles nur hippe Ma(s)che

Wieviel gesellschaftliche Gewalt muss ein lebendiger Mensch sich selbst antun, um endlich so "cool" zu werden, wie er und jeder andere es von ihm erwarten? Wieviel muss man "freiwillig" in sich abtöten, um diesem Milieu-Ideal zu entsprechen – oder dessen Gegenteil?

Der Urtyp des „coolen" Zeitgenossen war der blasierte Dandy des 18./19. frühbürgerlichen Jahrhunderts. Ein lässiger Dandyismus sollte das bürgerschrecklich Aristokratische am frühen Bürger sein und antihöfisch zugleich. Das wurde popularisiert zu „Cool iss *in* inne Schul'."

Haltung und Fassung bewahren, komme, was wolle. "Contenance, my dear!" hieß es einst. Kein Affekt soll mich überwältigen und durcheinander bringen können.

Aber jede(r) sollte auf Gefühlen sich ausrutschen lassen und erst danach wieder fangen können und totale Verwirrung gekonnt aushalten, um neue Übersicht wiederzugewinnen. Beides zugleich will erlernt sein, um erwachsen zu werden. Was unserem Leben Farbe und Schwung gibt, kommt über uns, wirft uns um. Wer sich vor jedem Affektsturm bewahren muss, weil er ängstlich um sein mühsames Gleichgewicht bangt, wird seiner Gefasstheit so wenig froh wie umgekehrt einer, der immer irritiert, fassungslos und wehrlos geschüttelt wird von seinen heftigen Empfindungen. Frei sind sie beide nicht.

Schliesslich sind Gefühle nicht in uns gefangen als "internal properties", sondern gewaltige Mächte, die unseren Leib quasi "von außen" ergreifen und ihn zu ihrem Spielball machen. Es gibt gar kein *Innenleben* in uns. Wut und Entsetzen packen uns, dass wir zittern, Furcht beschleicht uns, dass der Puls rast, Freude überwältigt uns, Trauer lähmt uns, Scham lässt uns erröten und Schrecken erbleichen …

Wer stets außer sich oder immer nur ganz bei sich ist, lebt nicht.

Einst wollte das warmfühlende Herz in aufregend unübersichtlichen Situationen nur den *kühlen Kopf* bewahren. Heute ist niemand wirklich gelassen, überlegen souverän, abgeklärt distanziert, selbstbeherrscht besonnen, wie einmal der autonome Herrscher oder freie Unternehmer sein mochte, sondern jedes fragwürdige Subjekt will auf sich und andere so wirken, weil das etwas gilt. Es ist aber weder dieses noch das Gegenteil davon, sondern inszeniert eher seine gesellschaftliche Verfügbarkeit und bedingungslose Bereitschaft zu jeder angesonnenen Schandtat, die ausreichend gut belohnt wird.

„Take it easy, keep cool!" – Bleib locker; worüber regst du dich auf, das bringt dich nur ins Hintertreffen und kostet Kraft und Wettbewerbspunkte. Wer als erster sein Pokerface verliert, hat schon verloren und nur seine gesellschaftliche Unbeholfenheit verraten. Was einmal nonchalante Désinvolture sein mochte, ist heute meist nur bornierte Dickfelligkeit. Das Ungezwungene im Auftreten wollte einmal ein Stück persönliche Freiheit und geschmeidige Virtuosität im sozialen Umgang und Verkehr signalisieren, beweist heute aber nur noch aalglatte Eiseskälte und alerte Verhärtung statt Kraft und Stärke.

In esoterischer Frühform zelebrierte ein symbolistischer Dichter wie *Charles Baudelaire* diese heute verflacht demokratisierte impassibilité und kaltblütige Ungerührtheit. Aber diese demonstrative Unzugänglichkeit, die alles an sich abperlen lässt und ein hochsensibles Innenleben lediglich zu schützen vorschützt, maskiert zumeist gar nichts mehr lebendig Humanes dahinter.

Nicht eine verletzliche zarte Seele legt sich da nur einen coolen Schutzpanzer zu, sondern ein verdorrter Typus, der die herrschende gesellschaftliche Kälte des *Do-ut-des* sich nur allzu erfolgreich antrainiert hat, tobt sich hemmungslos gehemmt aus. Er spie(ge)lt eine emotionale Sensibilität vor, die er gar nicht kennt, erkennt und anerkennt.

Im Grunde leben da Leichen locker weiter.

Exklusiver Dandyismus eines *Lord Byron* vulgarisierte sich zur Jugendkultur der Pop-Coolness, die als souveräner lonely wolf nur willfährig auftrumpft. Wer heute als "cooler Typ" durchgeht, ob Männlein, ob Weiblein, ist eher noch ein armer Hund oder ein Schweinehund, der verzweifelt nach gesellschaftlicher Anerkennung giert, um bei den Ingroup-Seilschaften Karriere zu machen. Der Coole ist einfach der überangepasste Konformist unserer Zeit, der bewusstlose Mitschwimmer, der sich den Mächtigen für jeden gutdotierten Dienst bedingungslos und unskrupulös empfiehlt.

Das heißt aber nur, dass sein vermeintlicher Gegenspieler, der spontane „Gemütsmensch", der sich in seinen herzensguten Gefühlen ständig verletzlich zeigt und mit seiner differenzierteren Anlage angibt, um nichts besser ist, sondern nur die treuherzige Kehrseite derselben Siegermedaille. Er affektiert hysterisch eine Gefühlskultur und hochangesehene Sensitivität für feinste Vibrations & Floatings, steht aber im Grunde genauso beziehungslos in der Welt. Er zelebriert seine gefühlige Empfindsamkeit als vermeintlich menschlicher, aber es handelt sich um dieselbe spiegelverkehrte Pose. Er affektiert seine Affiziertheit.

Es ist alles nur genormtes Talmi, was gesellschaftlich approbiert und honoriert wird und der Karriere nicht schadet. Was bei *Baudelaires* Sensorium noch ein angewidertes Nichtmitmachen sein mochte, auch bei anerkannten Formen des Nichtmitmachens, ist heute schon Herdentrieb durch angestrengte Individualitätsmodelle aus dem Discount-Gefrierfach.

Baudelaire soll bei der Liebe (z.B. mit Madame de Sabatier) Handschuhe getragen haben, um sich nicht zu beschmutzen und bei intimster Körpernähe distanziert für sich zu bleiben, untangierbar. Ihr könnt mich alle mal, doch mich kann keiner und ich alle.

Was bei einem *Beau Brummell* sich in der forciert schlichten Eleganz der Kleidung dokumentierte, outrierte ein *Oscar Wilde* durch eine grüne Nelke im Knopfloch und zynisch gewagte Bonmots. Hier trat der ursprünglich aristokratische Salon-Aphorismus in den Dienst einer antibürgerlichen Cool-tour (und „Cul-Tür") mit schneidend verspielter Kommandokürze und kontrolliert ungezwungener Selbstdiziplin, die aber im Dienste keiner Sache stand.

Der passionierte Müßiggänger Wilde verbüßte seine gesellschaftlichen Tänze auf Messers Schneide zwischen gesellschaftlichem Ruhm und sozialer Ächtung mit vernichtender Zwangsarbeit *de profundis*. Diese feine Grenze erkannte er zu spät.

Jugend, das heißt nur noch, eine Zeitlang *sich lässig zu sträuben*, um dann demonstrativ widerwillig umso rettungsloser zu konformieren mit prächtiger *personality*. Wer als Vollbluträdchen reibungslos funktionieren will, tut gut daran, sich ellbogenfrei skrupellos zu empfehlen, abgehärtet lässig und doch zugleich als menschlich ansprechbar und zugewandt in seinen *soft skills*. Ein drillbares Kunststück.

Es sind alles nur sozial erwünschte Haltungen und Selbstdressurleistungen. Der effeminierte *Softy* ist nur das routinierte Spiegelbild des *rough and tough guy;* beide Spielarten modellieren sich zwanghaft angestrengt nach gesellschaftlich erfolgreichsten Vorbildern der zwanglos geselligen „Leichtigkeit des Seins" ganz oben.

Nur wer einsam und verloren untergeht, hat „eigentlich" gezeigt, das er entweder nur sozial ungeschickt ist oder es ernst meint. Nur das allerletzte Unikum, das unverkäufliche Unikate anzubieten hat, ist ein hoffnungsloser Stümper − oder „authentisch echt". Wer aber besteht noch diesen Test?

Man *ist* im tiefsten Herzen genauso kaltschnäuzig, wie man sich *cool* gibt. Stoizismus light : Unter cooler Schale kalter Totmannskern.

Lächerliches, Ungewisses, Sinnloses?

Wie, wenn alles im Leben letzthin relativ lächerlich, anfechtbar und sinnlos wäre − ausser der exquisitesten intellektuellen Hochleistung, etwa auf dem Gebiet der mathematischen Logik, die der Aphoristiker Lichtenberg für die einzige strenge Wissenschaft hielt? Ganze Felder der Kultur und Gesellschaft verfallen der Missachtung − die Welt der Fabriken und Büros, soweit sie nicht von Automaten betrieben werden, die Welt von Handel, Händel und Gewerbe z.B. Es gibt ganze Subsysteme der Gesellschaft, die sich auf das gesellschaftlich Notwendige minimieren lassen würden, weil sie nur notwendige Übel sein sollten, die keine lebenslange Aufmerksamkeit verdienen wie Polizei und Justiz, Handel und Wandel, Fabriken und Büros, Transport und Verkehr etwa, welche sich viel rationeller und überlegt überlegener organisieren lassen. All das wäre in wenigen Jahren wenigstens in den Hochindustrie-Nationen zu automatisieren und zu minimieren, um die Menschen freizustellen für „Eigentlicheres" wie angestrengtesten intellektuellen Spitzensport ohne praktische Absichten und materielle Anreize.

Der Rest ist nichts als ein Alptraum.

Die Kunst- und Literaturgeschichte handelt im Kern nur von Liebesgeschichten und Raubmorden. Die Weltgeschichte ist keine Fortschrittsbewegung, sondern eine einzige Folge von ewigen Keilereien ohne allen Sinn und Verstand und wird niemals ein Ende nehmen, doch jeder nicht gerade direkt Betroffene kann jederzeit aus dem Fließbandirrsinn aussteigen in reinere Beschäftigung mit Logik und Essayistik z.B., ausscheren in idyllischere Kulturlandschaften, wo schlimmstensfalls der *rabies eruditorum* regiert in der Gelehrtenrepublik. Ist die Notdurft des Lebens halbwegs befriedigt. droht nur Flachköpfen die ewige Langeweile von Bücherparadiesen. Nach dem „Ende der Geschichte" in liberalen Demokratien, wenn aller wesentliche Bedarf allgemein gedeckt ist, darf der *locus amoenus* des zweckfreien Geistes um seiner selbst willen locken und muss kein *locus terribilis* der allfälligsten Depressionen drohen.

Ein Alexandre *Kojève* sah für diese technokratische Utopie nicht die Dystopie globaler Arbeitslosigkeit voraus, sondern die Vision einer Welt ohne gesellschaftlich überflüssige Arbeit. Menschliche Arbeitssklaven würden durch seelenlose Roboter weitestgehend ersetzt sein. „Jeu, exstase, mathématique" sah Kojéve als Paradiese bestmöglicher Zukunft.

Nach dem Ende der „Vorgeschichte" (Marx) in den liberalen Demokratien ohne Armut und unter Gottes Grundgesetz bleiben sinnvoll noch Liebe, Logik und verspielte Bonmots in bukolischen Gärten und idyllischen Wäldern, ruhmsüchtige Wettkämpfe in den besten geistigen Disziplinen, aber ein Agon ohne Agonie. – Und wenn die Fußkranken und *Arbeits-scheuen* am Rattenrennen nicht teilnehmen können oder wollen, sollten sie keiner „Verelendung" preisgegeben werden. Hat lumpenproletarische Bohème, die kein unvorhersehbarer Mob oder Revolutionär werden soll, im modernen *Sozialstaat* keinen Platz?

Alles Gesellschaftliche, Kulturelle : alles Müll und Abfall vom Himmel, aber nicht vom Himmel herab. Wirtschaftliches, „Kommunikatives" muss endlich „überwunden", d.h. aufs notwendigste vernünftige Minimum reduziert werden, um vom materiellen Existenzkampf endlich einmal geschichtlich freizukommen, weil es unverständlich und lächerlich ist, wenn Menschen noch immer gegen Hungertod und Mord ankämpfen, statt als Glücksritter ihre geistigen Olympiaden zu veranstalten. Die Vorgeschichte ist selbst auf Hochebenen von Hightech-Zivilisationen alles andere als überwunden, weil sie noch keine Beschäftigung mit ewigen Ideen und Gesetzen ist.

Machen Geschichtenerzähler gebildeter?

Einleitung

„Storytelling" ist ebenso effektiv, um Humboldts zweckfreie „Persönlichkeitsbildung" zu fördern, wie es ineffektiv ist, um informative Sachwissensbildung zu fördern.

Aber wer hat schon Lust, ein solches Bonmot, das alles sagt, zu einem Essay aufzublasen, der weniger trifft? Dazu wären mit typisch deutscher Gründlichkeit erst einmal beide Bildungsbegriffe zu *explizieren*, deren Kenntnis bereits Allgemeinbildung voraussetzt, die hier nicht nachgeholt werden sollte, zumal sie ja in unzähligen Büchern vorliegt.

Hauptteil

Im einen Fall geht es um die möglichst allseitig entfaltete *Subjektivität* einer autonomen Person, im anderen Fall um unpersönliche *Objektivität* von wissenschaftlich sicherbarem Sach- und Fachwissen. Persönliche Lebensgeschichte wird gefördert durchs Erzählen von lebendigen Geschichten, reale Weltgeschichte aber zu Tage gefördert durch Aufzählen von objektivierbaren Geschehnissen.

Persönlichkeitsbildung wird gefördert durch bildkräftige Gefuehlsgymnastik mit Programmen und Projekten, *Allgemeinbildung* aber durch begriffliches Nachdenken über Konzepte und Sachverhalte. Allgemeinbildung ist nutzbares Sachwissen aus Lehrbüchern, Persönlichkeitsbildung (etwa durch „schöne Literatur") ist zweckfreier Selbstzweck.

„Storytelling" nun ist effektiv für den didaktischen Zweck, zweckfreie Persönlichkeitsentfaltung zu fördern, aber ebenso dysfunktional, wenn es darum geht, sachliche Allgemeinbildung durch verwässernde Popularisierungen zu befördern. Zweckfreie Ausbildung aller menschlichen Wesenskräfte ist eben keine Ausbildung für den Berufserwerb von Problemlösungskompetenzen auf allen soziokulturellen Feldern.

Wer den Wikipedia-Artikel über „Storytelling" liest, wird bekannt mit zahllosen wohltuenden Wirkungen von erzählten Geschichten, die Fachkenntnisse popularisieren, aber nur beiläufig mit der Manipulationsgefahr dieser Methode. Das *Storytelling* zählt ja zum rhetorischen Überreden, nicht zum argumentativen Überzeugen. Darin liegt seine Crux und des Pudels Kern. Rhetorik kann z. B. Ideologien suggestiv einschleusen, Argumente aber wollen Ideologien („falsches Bewusstsein") bewusst auflösen.

Personifizierende Geschichten mit bewegter und bewegender Handlung fördern emotionale Suggesti-

onen, rationale Argumentationen hingegen entschär-
fen rhetorische Suggestionen. *Storytelling* trainiert
eher assoziative Einbildungskraft als rationale Urteilskraft.

Professor *Robert McKee* schrieb : „Storytelling ist
der wirksamste Weg, um Ideen in die Welt zu bringen." Das Gegenteil scheint mir richtig zu sein. Um
neue und gute „Ideen" in die Welt zu bringen, eignet
sich Geschichtenerzählen am allerwenigsten, denn
gute Stories kleiden eben nicht ablösbar allgemeine
Gedanken und praktikable Leitbilder in anschaulich
konkrete Geschichten, sondern machen uns eher irre
an fixen Ideen. Wenigstens sind solche „Stories" aus
industriellen Brainstormings, Schreibschulen und
Kommunikationslaboren keine Sprachkunstwerke,
sondern nur didaktische Behelfsmittel, um zu profi-
tablen Lösungsvorschlägen für technisch-ökono-
mische oder auch psychosoziale Probleme zu kommen. Jede bessere Literaturtheorie lehrt das. Es sei
denn, man verstehe unter platonischer (oder Kanti-
scher) „Idee" lediglich einen beliebigen praktikablen
„Einfall" und keine falsifizierbar formulierte Ar-
beitshypothese, die nur in pädagogisch einschmeichelnde Form gebracht wurde. Diese Geschichtchen
sind auch kein „sinnlicher Schein der Idee" (Hegel),
der Einheit von Begriff und Realisierung, sondern
eher *Trivialliteratur*.

Seit wann wollen literarische Geschichten ablösbare
Allgemeinbegriffe nur suggestiv illustrieren, ver-

körpern oder versinnbildlichen? Mit „Storytelling"
sind oft vor allem Rollenspiele in Gruppensitzungen
gemeint, spielerische Selbstinszenierungen oder
zielführende Kommunikationsübungen zur geschäft-
lichen Kooperation.

Nach dem Ideal der spiel- und praxisorientierten
Pädagogik kommt das Ideal des kindgerecht 'story-
orientierten' Unterrichts und mit ihm die pure Gedankenlosigkeit. Es geht um so etwas wie die Be-
täubungsspritze beim Zahnarzt. Man vergisst dabei
nur, dass das schmerzhafte Denken schon selbst ein
'Probehandeln' (Freud), aber das Handeln in Leben
und Kunst noch kein veritables Probedenken ist.
 Übersehen wird, dass Menschen, um nicht denken
zu müssen, ohnehin lieber handeln und dass sie ursprünglich einmal mehr nachgedacht haben, um
weniger arbeiten zu müssen. Die Alten wussten
noch, warum sie den Menschen ein *animal rationale*
und nicht Arbeitstier, Spielkalb oder Phantasten
nannten. *Cogito* ergo homo sum. Heute ist das ganze
hysterische Basteln, Schwafeln und Märchenerzäh-
len nur ein Vorwand, um nicht ernsthaft nachdenken
zu müssen. Das Rennen und Zappeln, Fabulieren
und Phantasieren lernen die Kinder auf Strassen und
Massenmedien, aber wenn sie in der Schule kein
abstraktes Denken lernen, lernen sie es nirgendwo
mehr. Heute wird die *Verkopfung* der Schule be-
klagt, denn Denken gilt als schlecht, weil es „An-
strengung des Begriffs" (Hegel) ist und kein bloßes
Empfindeln.

Das Einzige, worauf ein Lehrer mit seinen Wort-
schätzen wirklich bauen kann, ist der Wunsch eines
Kindes, kein Kind zu bleiben. Die Abneigung eines
Kindes dagegen, ein Kind zu sein, ist das stärkste
aller pädagogischen Motive überhaupt, und dieses
Motiv wird durch alle heute als fortschrittlich gel-
tenden Didaktiken zerstört, welche in ihrer Angst,
Folterwerkzeuge zu sein, selber die ärgsten Marter-
instrumente sind. Was gegen den 'geschichtenerzäh-
lenden Unterricht' spricht, ist das Gleiche, was gegen die Spiel- und Handlungspädagogik sprach. Der
Wunsch des Menschenkindes, ein erwachsener
Mensch zu werden, d.h. denken zu können, um nicht
nur wühlen und fühlen, stieren und lauschen, fuch-
teln und schreien zu müssen, wird systematisch
unterdrückt von popkulturellen Massenmedien.

Die nötige Rücksicht auf die beschränkte Fassungs-
gabe eines Heranwachsenden führt heute nur dazu,
dass das Kind nicht erwachsener, sondern der Er-
wachsene immer kindischer wird. Am Ende sind die
"storytelling lessons" nur ein Zugeständnis an die
neurotische Schwadroniersucht von TV-Zombies,
doch anti-autoritär sind keine Pädagogen, die den
Schüler zu ihrer höchsten Autorität erheben und sich
von seiner rebellischen Faulheit und bramarbasie-
renden Dummdreistigkeit imponieren lassen.

Lernen heißt, von vielen konkreten Einzelfällen
einen Gedanken abstrahieren zu können. Will man
heutigen Pädagogen glauben, ist das Wichtige dabei

nicht der Gedanke, sondern der Rückgang auf die konkreten Einzelfälle, aus denen er gewonnen wurde. Kinder wollen sich einen Begriff von der Welt machen, aber Lehrer werden immer wieder ergreifend oder handgreiflich. Die meisten Pädagogen machen den Schülern das Leben schwer, weil sie ihnen das Denken ersparen, welches das Leben erleichtert. Sie wollen nichts davon wissen, dass ihren Zöglingen erst Hören und Sehen vergehen muss, um etwas kapieren zu können. Wer Angst vor lustbetonter Kopfarbeit zur pädagogischen Geschäftsgrundlage macht, ist den „Bildungsfernen" näher, als ihm lieb sein mag. Die Gefahr, dass Schulen blutlose Intellektuelle produzieren, verschwindet vor der Gefahr, dass niemandem in der Schule genug Popmusikhören und Fernsehen vergeht, um begriffliches Denken zu lernen, also Geist zu entwickeln.

In Kunstwerken geht es ja nicht darum, für gute oder böse Ideen Propaganda zu treiben. Literatur macht sensibler, nicht gebildeter, und bringt kein Faktenwissen. Erzählgeschichten liefern uns ergreifenden Atmosphären aus, statt objektive Tatsachen mitzuteilen. An ihnen üben es Leser oder Hörer, durch überwältigende Gefühle vorübergehend ihre Fassung zu verlieren, um diese besonnener wiederzugewinnen. Durch Erzählungen rutschen wir auf unseren Affekten aus, um uns wieder fangen zu lernen, aber nichts über Sachverhalte kennenzulernen. Stories machen Leser eher mit sich selbst bekannt als mit objektiven Weltfakten und bieten Gefühlsgymnastik statt Wissenstrainimg.

Schluss

„Wie sag ich's meinem Kinde?"

Kleinkindern z.B. erzählt man noch erdachte Geschichten, Schulkindern aber schon von der realen Geschichte. Die einen brauchen noch Bilder und Gefühle, die späteren aber Begriffe und Gedanken, und ständige Regressionen auf zu überwindende Entwicklungsstufen sollten unterbleiben.

Metaphern und Geschichtchen wollen die ästhetische Einbildungskraft unterhalten und anregen, Begriffe und Ideen aber die rationale Urteilskraft unterrichten und üben. Man sollte auch Kinder nicht mit Eiapopeia-Geschichtchen zu lange verwöhnen und ihrer eigensüchtigen Bequemlichkeit schmeicheln, sondern möglichst früh den Respekt vor intellektuellem Argumentieren vermitteln und ihren Ehrgeiz zum diskursiven Disput mit geistigen Begriffen statt sinnlichen Bildern wecken, mit fundierten Gedanken statt nur mit suggestiven und vermeintlich „lebensnäheren" Gefühlen. Bilder sind zu begreifen, Begriffe aber nicht wieder sprachlich zu bebildern. Man sollte *begriffen* haben, wovon man *ergriffen* wurde, und nicht unfreier Spielball seiner Empfindungen bleiben, sondern ihrer geistig Herr werden.

„Du sollst dir kein Bildnis noch irgendein Gleichnis machen, weder von dem, was oben im Himmel, noch von dem, was unten auf Erden, noch von dem, was im Wasser unter der Erde ist …“
(Dekalog, 2. Mose 20, 4)

Mach dir einen Begriff von der Welt und kein Bild, das dann zwischen dir und der Welt steht und dich von ihr trennt!

„Was uns für die Zwecke der konkreten Praxis am meisten Not tut, sind durchweg Abstraktionen.“
(Gilbert Keith Chesterton)

„Es gibt nichts Praktischeres als eine gute Theorie.“
(Immanuel Kant)

Quatschen Rhetoriker, um nichts zu sagen oder Böses zu tun?

Rhetorik ist Sabbelkunst, Eristik ist Kabbelkunst. Beides sind Formen der Trouble- und Brabbelkunst.

Rhetorik heißt hierzulande lediglich, schöne Worte zu machen, um hässliche Wirklichkeit zu verschleiern oder zu Hass und Hässlichem aufzureizen. Sie appelliert an "niedere Instinkte", statt „Klartext“ zu reden, heißt es. Rhetoriker „lügen wie gedruckt“; andere, die der Sprache weniger mächtig sind, irren höchstens mal, meinen es aber ehrlicher.

So irrte sich der hiesige „gesunde Menschenverstand“ schon immer. Ausgefeilte Rhetorik gilt in unserem Konsensland leider nur als Süßholzraspel, Manipulationsinstrument oder Propagandatrickkiste. Rhetoriker wollen immer nur das Eine von uns, Geld und/oder Liebe?

Rhetorisch anspruchsvollere Parlamentsreden werden bei uns mit Misstrauen vermerkt. Stundenlanger, tagelanger, sich über Wochen oder gar Monate hinziehender Austausch von Debattenreden und Streitgesprächen in Bundestag, Landes- oder Kommunalparlamenten werden nicht begrüßt. *Konflikte* müssen hierzulande auf "zielführend" kürzestem

Weg zum *Konsens* führen − was allerdings eher Diktaturen als Demokratien schmückt.

Das "kommunikative Handeln" bei dem führenden Sozialtheoretiker *Habermas* z.B. mündet umstandslos in "rationalen Gruppenkonsens" − also ohne viel "endloses Gequatsche von Neunmalklugen, wo nix bei rumkommt." Einheit, Geschlossenheit und Gemeinschaft sind Trumpf, also Gemeinsamkeit gegen Einsamkeit, monotone Einstimmigkeit statt polyphoner Kontrapunkt.

In Paris oder London hingegen werden rhetorische Stümper nie ernst genommen als Schriftsteller oder Intellektuelle.

Eine einfache nackte Wahrheit leidet nicht darunter, dass sie in eine literarisch schlichte oder schlechte Form verpackt wird. Wenn sie nur klar und unmissverständlich formuliert ist, kann sie auch in beliebig andere Ausdrucksweisen übersetzt und zurückübersetzt werden, ohne Schaden zu nehmen. Es ist geradezu ein Kriterium ihrer wissenschaftlichen Gediegenheit, dass sie nicht aufhört, wahr zu sein, wenn sie nicht gut oder gar blendend ausgedrückt wird. Die Philosophen haben das Ideal einer gegen ihre rhetorische Darstellung gleichgültigen Allgemeingültigkeit von Wahrheiten übernommen, um wissenschaftlich und nicht nur literarisch beurteilt zu werden.

Fachphilosophen haben einem *Nietzsche* immer den Titel Philosoph abgesprochen; sie nannten ihn einen bloßen Rhetoriker, weil er es gewagt hatte, in jeder Philosophie eine bloße Rhetorik zu sehen. Ein Denker, der so gutes Deutsch schreibt wie *Schopenhauer*, hört in Deutschland schon dadurch auf, ein wissenschaftlicher Philosoph zu sein, und bringt es höchstens zum 'philosophischen Schriftsteller', obwohl natürlich nicht jeder rhetorisch Gewandte im rhetorischen Gewande eine Wahrheit versteckt hält.

Der Literat macht nur schriftlich, was der Redner mündlich tut – und wahre Mündigkeit äußert sich ja schriftlich.

Nicht jeder flache Stil verrät tiefe Gedanken, zugegeben, und nicht jeder glänzende Stil, dass diese Gedanken nur durch Abwesenheit glänzen. Am sichersten ist noch die Auskunft : Gut geschrieben ist alles, was wahr ist; Irrtümer, Irrsinn und Irreführungen lassen sich nur in schlechtem Stil ausdrücken. Leider ist einem Satz und einem Aufsatz leichter anzusehen, ob er gut geschrieben ist, als was ihn von Lügen und Irrtümern unterscheidet.

Wer mit der Sprache nur ringt wie ein Schlamm-Catcher, muss deshalb noch keine klaren Gedanken haben, die der Rede wert wären, und der stilistische Redeschmuck muss nicht schon immer Gedankenlosigkeit oder finstere Absichten verkleiden, wie in Deutschland allzu gern unterstellt wird.

Stets werfen die Rhetoriker den Rhetorikern vor, nur rhetorisch zu sein, statt "sachlich zu argumentieren".

Was ist der wissenschaftliche Anspruch oft mehr als nur der Anspruch, Halbwahrheiten auch schlecht ausdrücken zu dürfen, ohne dass sie dadurch kompletter Blödsinn werden. Der Wissenschaftler sagt sich : Ist es auch schlecht geschrieben, so ist es doch umso wahrer. Der Schriftsteller sagt : Ist es blanke Lüge, so doch glänzender formuliert als jede langweilige Wahrheit. Wenn nach Hannah Arendt das Böse auf Deutsch banal ist, dann kann nicht schlecht sein, was nicht trivial ist.

Das Wissenschaftlichkeitsritual setzt stets ein ernstes Gesicht auf, wenn die methodische Zurüstung des verhandelten Themas als eine zwangsneurotische Pedanterie sich lächerlich machen will. Die umständliche Betulichkeit und Schwerfälligkeit der permanenten Absicherung nach allen Seiten kommt nie zur Sache und nennt genau das ihre Sachlichkeit. Aus der Not, nicht schreiben zu können, ist die Tugend schmuckloser Nüchternheit gemacht, die sich durch kein Blendwerk beirren lässt. Der wissenschaftliche Wachsabdruck der Wirklichkeit ist das Wachs in den Ohren des Wissenschaftlers gegen die Sirenenklänge der Kunst, und damit ist die Unsachlichkeit erfolgreich verwechselt mit einem brillanten Feuerwerk rhetorisch funkelnder Paradoxe.

Rhetorik ist Redekunst, um andere von einer Wahrheit zu *überzeugen* oder wenigstens zu einer (dem Redner vorteilhaften) Unwahrheit zu *überreden*, als wäre sie die Wahrheit. Sie ist eine praktische Kunst, Recht zu behalten und zu bekommen, gleichgültig, ob man nun Recht hat oder nicht. Oder sie ist eine theoretische Wissenschaft von den Techniken und Methoden, dieses praktische Ziel zu erreichen.

Rhetorik der Sache (wie sag ich's meinem Kinde?) oder *Rhetorik des Scheins* (wie betrüge ich durch Sprache?). Seit aber keine objektive Wahrheit mehr anerkannt wird, kennt man nur noch Rhetorik des subjektiven Überredens und nicht mehr des objektiven Überzeugens.

Logik gilt seit alters her als Kunst des folgenrichtigen Überlegens und zwanglosen Überzeugens, **Rhetorik** als Kunst des bloßen Überredens, **Dialektik** als Kunst der gemeinsamen Unterredung und **Eristik** als Kunst des Streitgesprächs zwecks Wahrheitsermittlung − oder Täuschung. Kurz : **Logiker** überlegen (sich), **Rhetoriker** überreden dich, **Dialektiker** unterreden sich, und **Eristiker** streiten sich ums einzig Wahre. Das „Trivium" von Logik, Grammatik und Rhetorik zählte zu den sieben *freien Künsten* des Altertums.

Europäische Rhetorik hat eine sehr lange Tradition: Altgriechische Sophisten wollten in Gerichtsreden nicht nur die Sache des Schwächeren gegen die

Mächtigen erfolgreich verteidigen, sondern auch die schwächere Sache des Mächtigen gegen die stärkere Sache der Schmächtigen. Dagegen setzten *Platon* und sein Meisterschüler *Aristoteles* die Idee des objektiv Wahren. *Schopenhauer* hielt des nüchternen Aristoteles „Rhetorik" der *Enthymeme* zu Recht für das gelungene Muster einer geisteswissenschaftlichen Untersuchung.

Selbst *Platon* verschmähte keine rhetorischen Kniffe im Kampf gegen die vermeintlich bloße Geschäftsrhetorik seiner sophistischen Gegner. Er war nur der Meinung, dass nur er wahre Ideen gegen deren bloße Meinungen verteidigte.

Der gute Redner bei *Aristoteles* sucht sich als vertrauenswürdig zu erweisen, indem er lieber Sachargumente aufzufahren vorgibt, als auf bloße Gefühle seiner Adressaten einzuwirken, d.h. er benutzt auch nur wieder die paradoxe Rhetorik wissenschaftlicher Antirhetorik.

Der Gerichtsredner *Cicero („De oratore")*, der Historiker *Tacitus* und der Dichter *Horaz* sahen in der Literatur vor allem Rhetorik und machten Rhetorik umgekehrt zu einer Hauptform von Literatur. Antike Rhetorik gipfelte um 100 n. Chr. dann im zusammenfassenden Werk des Römers *Quintillian*.

Seit der europäischen Aufklärung des 18. Jahrhunderts ist Dialektik nur noch „Logik des Scheins" statt des Seins und keine seriöse Disputiertechnik und Diskussionskunst mehr. Erst der Idealist *Hegel* suchte aus einer Kunst der Irreführung des Widersachers wieder eine wissenschaftliche Methode der Wahrheitsfindung wie bei *Platon* zu machen, und bei seinem Schüler *Marx* fragt man sich bis heute, ob dessen „wissenschaftlicher Sozialismus" nicht nur rabulistische Rechthaberei eines machtbewussten Cholerikers war.

Seit der Genie-Ästhetik des 18. Jahrhunderts sprach literarische Rhetorik als Verstellungskunst mehr Herz und Seele an als Verstand und Vernunft. *Kant* hielt jeden Rhetor für verächtlich, weil der seine Mitmenschen als bloße Mittel missbrauche, und der ausgebildete Gerichtsredner *Goethe* wollte Rhetorik ganz aus Literatur verbannt sehen.

Spätestens seit dem Deutschen Idealismus gilt Rhetorik hierzulande als Gegenteil von Wissenschaft und Wahrheit. Die von *Hegel* überwunden geglaubte Romantik hatte die Autorität der Gefühle über die Autorität der Gedanken gesetzt und Manipulationen durch musterhafte Vorurteilstopoi freigegeben.

Bloße Rhetorik wurde seit der Aufklärung „pejorativ konnotiert". Die kultivierte Rhetorik der Gebildeten verkam nun zur Rhetorik geschickter oder charismatischer Scharlatane, die ihrem Publikum Unvorteilhaftes als vorteilhaft aufschwatzen, oder Propagandisten von linken oder rechten Ideologien, die „falsches Bewusstsein" als wahres Wissen verkaufen. Moderne Demokratie-Erziehung will gegen rhetorische Verführbarkeiten immunisieren, denn die „Propaganda der Tat" verachtet republikanische Parlamente als bloße „Quasselbuden".

Arthur *Schopenhauer* nannte sein einschlägiges Werk von 1830 „Eristische Dialektik − Die Kunst, Recht zu behalten", und zwar „mit erlaubten und unerlaubten Mitteln". *Schopenhauer* sammelte 38 "Strategeme" sophistischer Rhetorik : Wie widerlege ich meinen überlegenen Gegner und bekomme gegen ihn Recht, wenn ich gar kein Recht habe? Wie bin ich ihm subjektiv überlegen, wenn meine argumentativen Beweismittel den seinen objektiv unterlegen sind?

Man widerlegt andere, indem man zur Sache kommt *(ad rem)* oder persönlich wird *(ad hominem)*. Ich widerlege gegnerische Thesen *direkt* durch bessere Sachgründe oder *indirekt*, indem ich die Falschheit ihrer Gründe oder Schlussfolgerungen beweise oder Verstöße gegen Common Sense nachweise. Indirekt widerlege ich dich durch schlagende Gegenbeispiele (Instanzen) oder indem ich aus der Falschheit des Gegenteils auf die Wahrheit meiner These schließe. (Wenn das Gegenteil falsch ist, muss ja meine Behauptung noch nicht stimmen.)

Ehe der Disput beginnt, sollte erst einmal geklärt werden, auf welche unbestreitbaren Grundsätze die eristischen Streithähne sich überhaupt einigen können, denn wer alle Prinzipien bestreite, mit dem sei prinzipiell nicht zu streiten. Disputieren sollte man nur mit Leuten, die genug Verstand dazu haben und nicht nur *Applausibilität* suchen. Das ist die Struktur von Schopenhauers Abhandlung über Trugschlüsse und Trickstrategien ewiger Rechthaber, aber auch Schopenhauer will damit ja ironisch nur Recht behalten gegen alle Rechthaber(eien).

Existenzialist Sartre hielt jede Sprache im Kern für eine Sprache der Werbung und Verführung. Jeder Mann wird bei einem Rendezvous zum mehr oder weniger begnadeten oder routinierten Rhetoriker seiner Verführungskünste, wenn er die Frau umwirbt, und jeder der beiden weiß, dass auch der andere weiß, worum es geht, auch wenn scheinbar über Unverfängliches geplaudert wird. Rhetorik ist sprachliche „Seelenlenkung" zum Guten oder zum Bösen, z.B. zur Pädagogik oder zur Pädophilie, zur Demokratie oder zur Demagogie.
Hierzulande, im Gegensatz zu romanischen Ländern, misstraute man den welschen Schmeichelreden und goutierte nie die feinere Beredsamkeit. Hier gelten gefühlsecht wirkende Stammeleien für glaubwürdig „authentischer" als wohlgesetzte „Redeblumen" der Schöngeister. Hier redet und hört man lieber grob(schlächtig)en „Klartext" als zierlich gedrechselte und zielsicher berechnete Umschreibungen, welche eine Sache oder das Herz kunstvoll treffen wollen.

Der Verstand sei Rhetoriker, das Herz aber habe seine eigene Wahrheit, verkünden auch die Propagandaminister im Brustton überzeugender Überzeugung. Gebrauchsrhetorik jenseits von Grab- und Festrhetorik bleibt Firmenchefs vorbehalten. Heute geht die alte Rhetorik Bündnisse ein mit Psychologie, Linguistik und anderen Disziplinen.

„Performative Sprechakte" wollen nicht Einsichten vermitteln, sondern bloße Ansichten und praktische Absichten pragmatisch „rüberbringen". „Nonverbale" Hilfsmittel wie Stimmführung, Pose und Gestik verbinden sich gern mit metaphorischen Stilmitteln, „Tropen", konfektionierten „Redefiguren", mit der Wortwahl, Satzbautechnik, Vortragsgliederung etc. zur angepeilten rhetorischen Effizienz, um Kasse zu machen und/oder Wähler einzutreiben.

Der Redner reagiert dabei ständig flexibel auf Publikumsreaktionen, um Aufmerksamkeit und Spannung wachzuhalten. Gute Reden sollen kurz sein, um nicht einzuschläfern, aber nicht nur aus eingestreuten Bonmots und geistreichen Sprachbikinis bestehen. Man kann andere überreden von etwas, von dem man selbst nicht überzeugt ist, und Rhetorik ist laut Aristoteles die Kunst, die eigene Kunst- und Schlagfertigkeit als solche versteckt zu halten, um natürlich zu wirken. Eindruck von Natürlichkeit könne nur durch hohe Kunst erreicht werden, doch je klarer die Sprache, desto dunkler bleibt oft die Sache – und umgekehrt.

Ohne die subjektive Idee einer objektiven Wahrheit aber wird alles nur wahr-scheinlich, also bloße Rhetorik, die sich für sachgetreue Antirhetorik ausgibt. Heute nennt jeder Rhetoriker jeden Redner einen bloßen Rhetoriker, dem es nur um seine Person statt um eine Sache (d.h. um meine Person) gehe.

Wo aber jede Sache nur so viel wert ist wie die Person, welche sie sich zu eigen macht oder zurückweist, ist der Maßstab prüfbarer faktischer Richtigkeit preisgegeben und alles nur noch Rhetorik. Sie macht dann jeden zum Spielball von andrehbaren und abschaltbaren Affekten, wie in den Massenmedien, die kapital- oder politfreundliche Wirkungen erzeugen wollen mit wort- und bildersprachlichen Mitteln. Die Demosthenes-Rede wird Gerede auf dem Marktplatz.

Die modernisierte „Postmoderne" etwa ist und war solche Rhetorik, dass es nur verschiedene Rhetoriken gebe ohne eine feste Wirklichkeit und Wahrheit dahinter. Nicht harte Realität dementiert bloße Meinungen, sondern eine beliebige Rede dementiert nur die andere. Dann degeneriert Rhetorik zum verkappten Machtspiel.

Ein "Buch der Natur" sei natürlich auch nur Rhetorik der Natürlichkeit. Nietzsche hatte als erster diese Radikalität ins Spiel der Geister gebracht, und Heidegger folgte : Nur Sprache entscheide letztlich, was

Sache sei, und nicht umgekehrt die Sache selbst, welche Sprache ihr angemessen sei.

Ein eristisch-polemisch gewandter Rhetor quatscht und quasselt so erfolgreich geschickt auf uns ein, dass wir freiwillig, in unbewussten Gefühlstiefen gekitzelt, mit fliegenden Fahnen zu seinen Ansichten und Absichten überlaufen und sie für die eigenen halten, auch wo sie eigenen Interessen diametral zuwiderlaufen mögen.

In der BRD gibt es nur einen einzigen Rhetorik-Lehrstuhl, in Tübingen gegründet von Walter Jens mit seinen schwülstigen Hellenismen.

Auch dieser Essay hier ist ja nur pure Rhetorik, allerdings nur ein erfolgsarmer Überredungs- und Überzeugungsversuch, um für kultiviertere Rhetorik zu werben und nicht die Normsprache der Wissenschaft krud gegen die Kunst der Rhetorik wie gegen die Rhetorik der Kunst auszuspielen.

Erst kommt die Fraßmoral, dann das Diner

Die Reichen gehen tafeln, die Armen zur "Tafel".
"Dem Adel das Beste, dem Pöbel die Reste".

"Zurück zur Natur" oder vorwärts
zum "Verein freier Produzenten"?

Holen wir etwas weiter aus, um mehr einzubringen.
Wir wollen hier nicht bei Adam und Eva anfangen,
aber doch bei den Kindern von „Karl Marx und
Coca Cola" vor einem halben Jahrhundert − mit
einer kleinen zeitgeschichtlichen Erinnerung, die
uns heutigere „Bewegungen" vielleicht etwas besser
zu verstehen hilft.

Als die hochfliegende „Revolution" der sogenannten
„Achtundsechziger" sich nur als Bruchlandung und
„Selbstmissverständnis" (Habermas) entpuppt hatte,
weil es im „sozialstaatlich gezähmten Spätkapita-
lismus" weder erzproletarische Revolutionäre noch
brandrevolutionäre Situationen mehr gab, begannen
die kleinbürgerlich wehleidigen Mittelstandsrebellen
ihre schmählich gescheiterte Weltveränderung eher
in einer Umweltverbesserung zu suchen. Der Löwe
sprang los und endete als Bettvorleger : Die stolz
geplante Sozialrevolution der unterdrückten Volks-
massen verkam auffallend rasch zu einer bloßen
„Kulturrevolution" verwöhnter Mittelstandskinder,

die ihre privilegierten Ausbildungen plötzlich nicht mehr automatisch in hochdotierten Berufskarrieren ausgezahlt sahen und das empörend fanden.

Fast über Nacht ging es nun nicht mehr darum, den politischen „Klassenkampf" gegen private Produktionsmittelbesitzer zu führen, um sein Leben nicht länger als Funktionsrädchen in einem langweiligen Hamsterkäfig von Produzenten und Konsumenten zu beschließen, sondern nur noch hypermoralisch gegen „Naturschänder" und „Baumfrevler", Regenwaldfäller und Klimakiller einzuschreiten.

Alle im selben Boot − Kapitäne wie Rudersklaven? Allein ein paar sexuelle Lockerungsübungen gegen das „Establishment" fielen da noch ab wie nebenbei. Außenpolitisch triumphierte bei *Friedensbewegten* der „Neutralismus", der „Dritte Weg" zwischen den martialischen Supermachtblöcken, also „ent-rüstete" Kapitulation vor Moskaus totalitär „eurasischem" Imperialismus. Als die Topklassenfeinde fungierten links wie rechts die liberalmaterialistischen USA bis heute.

Der Feminismus beendete die "Rote Revolte", als die sich doppelt unterdrückt gebenden Genossinnen begannen, die Genossen vom "SDS" härter zu bekämpfen als deren gemeinsamen „Klassenfeind".

Das war die Ausgangssituation. Es ist leichter, sich selbst als die Welt zu ändern, hatte *Descartes vor fast vier* Jahrhunderten in seiner "provisorischen Moral" geschrieben, und die hiesigen Katzenjammer-Kids von 1970 entdeckten es wieder neu. Statt die hier vorgefundene Ausbeutungsgesellschaft von "Rackets" (Horkheimer) solidarisch zu verwandeln in einen „Verein freier Menschen" (Marx), bastelte nun jeder nur noch an der grünen und seiner eigenen Natur herum. Urplötzlich schien Mutter Natur von ihren Industriebearbeitern härter ausgebeutet, geschunden und unterdrückt als diese von ihren Fabrikherren, mit denen sie sich einträchtig im selben Boot fanden : Alle vereint als arme Umweltopfer.

Nun kann man sich leider um seine körperliche Gesundheit nicht verstärkt sorgen, ohne langsam aber sicher geisteskrank zu werden. Nur Irre denken in ihrem Verfolgungswahn Tag und Nacht daran, von umherirrenden Industrieverbrechern systematisch vergiftet und verstrahlt zu werden. Nur Verrücktgemachten tut es gut, sich vorrangig mit Kalorientabellen, Low-Carb-Diäten, FDH-Religion, „freien Radikalen", Superfoodwissenschaftlern, Nahrungsergänzungsmitteln, Steinzeitrezepten, „Smoothies" und „Biologicals" zu beschäftigen. Da kultiviert sich allerdings kein Trashburger-Vielfraß zum delikaten Feinschmecker, ob nun Gourmet oder Gourmand, sondern zur Müllratte, die nur noch „Umweltgifte" vom eigenen Mittagsteller weghexen will.

Ins Naturparadies führt kein Weg zurück, die Bibel hat es prophezeit. Seit die ersten sesshaften Acker-

bauern und Viehzüchter sich entschieden hatten, die
bloßen Jäger und Sammler des vom Schöpfer Produzierten von ihrem gewaltsam abgezäunten Grund
und Boden zu vertreiben und von der Erde zu vertil-
gen, um Gottes Schöpfung zum bloßen Rohmaterial
ihrer eigenen verschlimmbessernden Schöpfungen
zu machen, hat es der Mensch mehr mit seiner eigenen als mit der „naturbelassenen" Welt zu tun.

Seither ernährt er sich von industriell gezüchteten
Pflanzen und Tieren, seit etwa zehn Jahrtausenden.
Und das ist eine revolutionäre Einbahnstraße, die
nach Gottes (alttestamentarischem) Wort nur in die
Hölle der hochkulturellen Selbstvereitelung führen
kann. Das moderne Paradox besteht darin, die von
Industrien geschlagenen Naturwunden durch noch
mehr und bessere Hochindustrien heilen zu wollen.
Eine Supermaschine soll die Submaschinen reparie-
ren, um "biologischen Anbau" für ökologisch zerti-
fizierte Lebensmittelbeschaffung zu garantieren.

Einst veredelten wir auf Geheiß unserer Herren die
rohe Natur zu raffinierten Luxusgütern, nun soll der
höchste Luxus darin bestehen, den Raffinadezucker
wieder in „naturbelassenen" Rübensirup zurückzu-
verwandeln – wie in der Kriegswirtschaft.

Für ein kulturelles Kunstprodukt wie den Menschen
gibt es nichts Unnatürlicheres, als immer natürlicher
leben zu wollen, also sich nur noch passioniert um
Essen und Trinken, Körperpflege, Schlaf und Bei-

schlaf zu kümmern wie das liebe Vieh. „Im Einklang mit der Natur" leben natürlich nicht die rohen oder „edlen Wilden" Rousseaus, die von aller Kultur unbeleckt auf Bäumen vegetieren oder mit nacktem Hintern auf allen Vieren kriechen. Vergleichsweise natürlich lebten nur die (unidealisierten) Nomaden der Vorzeit, nicht mehr ihre um Gut und Besitz sich ständig balgenden Ausrotter.

Natürlich lebt, wer nach (an)erkannten Naturgesetzen lebt, auf dem Feld der **Ernährung** also z.B. die biblischen Ernährungsgesetze peinlich genau beachtet, die guten Tipps vom „ollen Jott", vom uralten Weltproduzenten, der es am besten wissen muss, weil er allein seine Fabrikgeheimnisse kennt. Und Er lebt nicht vom Profit. Aber das alles gilt inzwischen ja als wissenschaftlich überholt und nur als Ausdruck einer veralteten Dorfreligion.

Jesus predigte, es sei wichtiger, was aus dem Mund herauskomme, als was in den Mund hineingehe, und wenn nur Scheiße herausquillt, kann nicht Manna und Himmelsnektar hineingelangt sein. Je mehr wir Satten uns um unser leibliches Wohl sorgen, desto beschissener wird unsere „geistige Nahrung", wo doch der Mensch eher vom Wort lebt als von Brot und Wein und Schwein allein.

„Popkultur" heißt heute so etwas wie „Superfood" plus Trivialliteratur. Yogaschüler bei Magermilch-Joghurt, chemiefreie Rohköstler, Genuss-Spiritisten, körnerfressende Gesundheitskoitierer gelten als die heroischen Askese-Hedonisten unserer Tage. Aber warum machen Vegetarier und Veganer bei Tieren Halt? Sind Pflanzen nicht ebenso geschundene Lebewesen, die es vor uns Schädlingen zu retten gilt?

„Hunde, wollt ihr ewig leben?"
Aber pumperlfit sterben.

Die verpasste oder vermasselte *Revolution* „nach vorn" führte über bloßen *Reformismus* zurück in die „Jugend- und *Reformbewegung*" vor einem Jahrhundert und endete „mit einem leisen Winseln" im *Reformhaus* um die Ecke, also eher noch im Irren- und Krankenhaus als in einem halbwegs lebensfähig anarchistischen Wirts- und Freudenhaus.

Kurzum : Die Armen können sich auch weiterhin nur giftig billiges Discounter-Junkfood leisten, die Begüterteren leben und sterben bioteuer und naturwissenschaftskorrekt, aber eben geisteskrank. Was zu beweisen war.

Obst, Gemüse und Bewegung! − Ja, Fressen in die Fressen pressen und nicht vergessen zu messen?

Die Gesundheit ist derzeit wohl am nachhaltigsten bedroht durch einen psychotischen Nahrungswahn. Der ist Teil einer allein in Hochindustrie-Nationen grassierenden mittelständischen Selbstoptimierungs-

manie durch Fitness und Wellness, Achtsamkeits-
meditation, Karriere-Zen, „Hygge"-Hype etc.

(Die Selbstoptimierung lässt sich inzwischen noch-
mals optimieren durch deren eigene Selbstkritik.)

Körperliches Gesundheitsbewusstsein wird nachge-
rade zu einer Form von Essstörung. Der Satte hat
seine Sattheit satt und entwickelt einen Appetit auf
gesunden Bärenhunger.

Fazit : Flow is show and low. Nur geistiger Höchst-
stress produziert *geistige Nahrung*, von der und für
die es wert ist zu leben und den Selbsterhaltungs-
trieb zu füttern. Die Gastronomie ist wohl weniger
der Sinn der Astronomie als umgekehrt.

Was vorrangig fehlt, ist nicht gesünderes Tierfutter,
sondern besseres Lesefutter. Stefan Andres : „Der
deutsche Mann liest nicht", sondern frisst und säuft.
Eine *nachhaltige* Ökologie geistiger Nahrung steht
noch aus samt „philologischem Anbau". Kraftsport
ohne Denksport? Leibliches Wohl ist heut nur noch
geistiges Wehe.

Plädieren wir nur für Beobachtung der Naturgesetze,
also für Beachtung der biblischen Ernährungstipps.
Das sättigt und heilt preiswert zugleich und hält
Leib und Seele zusammen, damit voller Bauch nicht
mit leerem Kopf studiert.

Neid ist Leid am Glück
und Freud am Pech anderer

Du liebst deine Neider und hasst, wen du beneidest.

Liebe an deinen Feinden ihren Hass und Neid!

Dem Mächtigen neidet man Schandtaten,
die er begeht, und nicht die Wohltaten,
die er vollbringen könnte.

Der Neid ist das einzige Lob, das dem Beneideten
mehr schmeichelt als dem Neider.

Mancher wird um sein Glück beneidet,
ist aber nur glücklich, weil er beneidet wird.

Ein Kunstgenuss beneidet den Künstler
und genießt die Qual, die es ihn kostet.

Die Suche nach dem, was keiner hat und je hatte,
kann Flucht vor dem Neid sein.

Nostalgie lebt von der Ahnung, daß man mit dem
bisschen, was man heute hat, wenigstens früher
beneidet worden wäre.

Was du mir neidest, das wünsch ich dir an den Hals.

Wo Leid zu Neid wird, beginnt Mord oder
Wettstreit, werden Empörer zu Emporkömmlingen.

Gut ist *Sozialneid*, der nicht die Konkurrenz belebt.

Neider und Hasser ersetzen
die beste Selbsterkenntnis.

Auf Beneidenswertes nicht neidisch zu werden,
kann auch eine Art sein, die Welt zu verfehlen.

Mitleid mit den Ärmeren und Schwächeren maskiert
gern Neid auf die Reicheren und Mächtigeren.

Du beneidest nur, wer etwas – aber eben nicht eine
ganze Klasse – besser ist als du.

Dünkel schützt nicht nur vor Neid und Dunkel.
Neidlos wird vor allem, wer sich überlegen dünkt.

Der *Dritte Stand* beneidet die Hungrigen der *Dritten
Welt* um ihre *authentischen Extremerfahrungen*.

Schadenfreude gilt als einziges Heilmittel gegen
Neid, und Neid auf Beneidenswertes schuf Recht.

Wer der Jugend ihre Weisheit neidet,
missgönnt auch Greisen ihre Kraft.

Es gibt sogar Eifersucht auf Betrogene, und groß ist,
wen man selbst um seine Fehler und Fiaskos,
Schwächen und Schulden beneidet.

Man bereichert sich an deinem Sozialneid.

Wir halten uns für gleich, um uns nicht zu beneiden,
und für ungleich, um uns nie überflügeln zu müssen.

Man gönnt sich selber den Neid,
der niemandem sonst nix gönnt.

Und was sagen andere?

„Neid ist eine Art Lob.“
(Dichter *John Gay, "Bettleroper"*)

"Neid kriecht nicht in leere Scheuern." *(Sprichwort)*
„Viele Frauen beneiden ihren Mann,
weil er so glücklich verheiratet ist.“ *(Jean Rigaux)*

„Neid zeigt uns unsere Wünsche.“
(Sozialwissenschaftlerin *Nadine Pomes*)

"Der Neid entdeckt jedes Verdienst zuerst
... Moralische Entrüstung? Zu oft Neid!"
(Emanuel Wertheimer)

"Der Hass ist ein fruchtbares, der Neid ein steriles
Laster." *(Marie von Ebner-Eschenbach / 1880)*

„Neid ist der Ärger über den Mangel an Gelegenheit
zur Schadenfreude." "Selbst falsches Glück erzeugt
echten Neid." *(Anonymus)*

„Um Neid ist keiner zu beneiden." (*Wilhelm Busch*)

„Wer nie beneidet wird, ist nicht beneidenswert."
(Politologe *Lothar Schmidt*)

Reklame : „Geiz ist geil" wie Ehrgeiz. Aber wer
„Neid" *googelt,* findet beinahe ausschließlich negative und pejorative Kommentare. Kaum jemand
macht sich zum Anwalt von *Scheelsucht.* Wo doch
sonst inzwischen fast alle christlichen oder humanistischen „Tugenden" kritisch verteufelt und alle teuf-
lischen „Laster" aufklärerisch verherrlicht werden!
Schließlich würde jedermann lieber beneidet werden
von dem, den er selber beneidet. (Und wer beneidet
nicht den. der ihn beneidenswert findet?)

Bin ich "neidzerfressen", will ich das vermeintlich
Gute haben (können, sein), was du hast (kannst,
bist), oder will nur nicht, dass du es hast (kannst,
bist), sondern eher **nur ich.** Wünsch ich dir vielleicht sogar Böses an den Hals in der Schadenfreude? Genügt es mir, dass du etwas Beneidenswertes
nicht bekommst (kannst, bist) − oder will nur **auch
ich** es haben (können, sein)? Oder soll **nur ich** es
haben und du nicht − oder du sogar das schlechtere
Gegenteil? Viele werden um vieles beneidet, aber

was ist beneidenswert? Neid richtet sich zu mancher
Zeit sogar auf Leid oder Mitleid.

Ich will auch reich und mächtig und schön und gut
und klug und berühmt sein wie du − wenn nicht viel
mehr als du − oder auch statt deiner. „Sozialer Vergleich" erzeugt Neid nach oben und Schadenfreude
nach unten und oft auch Ressentiment : Ich werte
vor mir und vor anderen ab, was ich nicht kriegen
kann, und zwar nur, *weil* ich es nicht habe und doch
zugleich liebend gern hätte. Der Ressentimentgela-
dene frisst bekanntlich sich selber auf, doch ist der
Neid nicht auch eine konstruktivere Antriebskraft?
Neidvoller Vergleich mit mehr oder weniger nahen
Nachbarn weckt Rivalitätsenergie und Kampfgeist,
wenn er nicht nur unproduktiv unterirdisch schwelt
und sich an sich selbst vergiftet. Neid auf Naturbe-
gabungen ist steriler als Neid auf Sozialerfolge.

Die Reichen und Mächtigen sprechen gern von „Sozialneid" der materiell (oder geistig?) Minderbemit-
telten, wenn sie Sozialrevolutionen oder auch nur
teure Reformen fürchten statt nur harmlose „Kultur-
revolutionen". Aber ist die Wut auf Sozialprivile-
gien (statt auf Naturprivilegien wie Naturtalente)
wirklich niedriger *Sozialneid* der Niedrigerstehen-
den oder doch nur gerechter Ausdruck von Gerech-
tigkeitssinn? „Sozialgerecht" handelt schließlich
noch nicht sozial gerecht.

Neid ist der Wunsch, selber beneidet zu werden und den Beneideten um sein Beneidenswertes zu bringen (kann man ihn schon nicht selber umbringen). Ist es beneidenswert, nicht neidisch zu sein? Neid ist eine Missgunst, die nicht entwaffnet wird selbst durch den tröstlichen Gedanken, dass bislang ausnahmslos alle Menschen sterben müssen, nicht nur die Neider, und dass selbst der und das Beneidenswerteste einmal hinab muss in gar nicht so ferner Ferne.

Ist Neid im Grunde der Wunsch, Gott zu sein, also der, den alle beneiden, weil er als einziger keinen Grund hat, irgendjemand anderen zu beneiden? Ist „freigeistiger" A(nti)theismus ein destruktiver Neid auf ein Wesen, das man selber sein möchte, wenn man es töten und sich an seine Stelle setzen könnte? Kein Wesen um irgendetwas zu beneiden heißt, wunschlos glücklich sich für den Allmächtigen selbst zu halten?

Die Philosophen sind davon abgekommen, die einst so beliebten Tugend- und Lasterkataloge aufzustellen und begriffsanalytisch zu untersuchen. Die Tugenden ständig anzupreisen, ist so wertlos, wie es trivial und sinnlos scheint, die Laster immer neu zu verdammen. Moral gilt ewig, und Amor(al) gibt's ewig; der Rest ist nicht viel mehr als gesinnungsstarkes Morali(siere)n.

Eine Ausnahme war in letzter Zeit der Philosoph *Martin Seel* mit seiner „philosophischen Revue" :

„111 Tugenden, 111 Laster" (Frankfurt/Main 2011, siehe Nr. 53 auf Seite 113). „Praktische Philosophie" der Neuzeit untersucht im Anschluss an Aristoteles lieber "gesellschaftliches Handeln" und interaktive Meta-Ethik als das oft mit Zeit und Ort wechselnde Hoch- und Unmoralische selber.

Die „europäischen Moralisten" waren keine Moralprediger und Moralapostel, sondern analysierten seit dem 17. Jahrhundert die „mores", also die Sitten und Gebräuche ihrer Epochen. Nicht jede Sitte ist ja deshalb schon sittlich. Und wie steht es mit dem Neid? Ist er nur der erzkapitalistische Wirtschaftsmotor? Die Moralisten entdeckten mehr Tugend im "Neidhammel" selber als in dessen "tugendterroristischen" Anklägern. Ihre Essays und Aphorismen sind jedenfalls beneidenswerter und lesbarer als die langweiligen Traktate der Neidverleider.

„Der Neid ist die aufrichtigste Form der Schmeichelei." (Politologe *Richard Wiggins*)

„Neid ist eigentlich Bewunderung: Lob, das anderen gilt und das sich selbst quält." *(Hans Lohberger)*

„Der Neid ist die Seele des überall florierenden, stillschweigend und ohne Verabredung zusammenkommenden Bundes der Mittelmäßigen gegen den einzelnen Ausgezeichneten in jeder Gattung ... Der Neid der Menschen zeigt an, wie unglücklich sie sich fühlen, und ihre beständige Aufmerksamkeit auf fremdes Tun und Lassen, wie sehr sie sich langweilen." („Moralist" *Arthur Schopenhauer*)

„Neid ist die Grundlage der Demokratie."
(Logiker *Bertrand Russell*)

„Neid : den bescheidensten Fähigkeiten angepasster Wetteifer." (amerik. Aphoristiker *Ambrose Bierce*)

„Neid ist die frevlerische Sorge um das Wohl deines Nachbarn." (Politiker *Ferdinand Lassalle*)

„Neid und Eifersucht sind die Schamteile der Seele … Neid vergleicht, setzt gleich, ist Bescheidenheit." (Philosoph *Friedrich Nietzsche*)

„Neid ist unglückliche Selbstbehauptung."
(Ur-Existenzialist *Sören Kierkegaard)*

„Der Neid ist unversöhnlicher als der Hass."
(Uraphoristiker *Larochefoucauld, 1667)*

„Der Neid der Gelehrten fördert die Wissenschaft."
(Talmud)

Es gibt auch Neid auf falsche Größe, auf Blender, Angeber, Schaumschläger, Hochstapler und Wichtigtuer, und vor wahrer Größe gibt es Neid, die sich in Liebe retten muss, um nicht zu verzweifeln im „Fegefeuer der Eitelkeiten". Dabei scheint Gefallsucht als **Neid auf Ruhm** den Neid auf Macht und

Besitz und andere Vermögen weit hinter sich zu lassen, wie Psychologen herausgefunden haben wollen. Man beneidet Bevorzugtere bevorzugt um Ansehen und Aufsehen, Aufmerksamkeit und social-media-followers. Allerdings: Je mehr öffentliches Ansehen, desto weniger persönliche Sympathien! Die meisten beneiden Prahlhänse immerhin um ihr Selbstvertrauen, nicht um ihre *Blague* selber. Der Neid auf den **homo glorians** scheint so alt wie der Mensch selber. Eigene Identität vergewissert sich im Neid auf Obere und im Neid Unterer zugleich.

Der erfolgreichste Einbrecher wird mehr beneidet als der bescheidenste und beste Gutmensch seiner Zeit. Beneidenswert groß ist auch Kunst, die es vermag, widerwillig bewundernden Neid zu erregen, vor dem sich der geheime Konkurrent dann wenigstens in anerkannte Kennerschaft retten kann, im allgemeinen „Fegefeuer der Eitelkeiten" : Ich kann nicht Kunst, kann sie aber wenigstens als anerkannt einziger Connaisseur von Kitsch unterscheiden und muss die gefeierten Künstler deshalb nicht beneiden.

Benutz mich, damit du mir nutzt!

Lassen "Feminist(inn)en" sich noch nutzbringend verwenden oder irgendwie nutzbar machen, auch für sich selber? Oder dienen sie noch, aber nur als abschreckende Beispiele für unweibliche Abwege? "Nutzen" bedeutet: Vorteil, Gewinn, Profit, Ertrag. Aus der berufstätigen und erwerbswillig ehrgeizigen Gattin ist durchaus Nutzen zu ziehen, aber sie gewährt Nutzungsrechte nicht mehr gern. Das "Nützlichkeitsdenken" selber sollte im Zwischenmenschlichen nutzlos werden, sagt man. Ebenso könnte man umgekehrt vom himmlischen Nutzen jeder unnötigen Nutzlosigkeit sprechen.

Mann und Frau, voneinander emanzipiert, lassen einander inzwischen lieber ganz links liegen. Es steht nichts mehr zwischen ihnen, weil nichts mehr zwischen ihnen "ist", heißt es. Der einzige Nutzen einer wirklichen Salondame, die es nicht mehr gibt, besteht darin, vollendet nutzlos zu sein und zu scheinen in einer nützlich vernutzten Welt. Oder haben nur noch schwule He-Men etwas von und für "Dirnen", wie Frauen früher anspielungslos genannt wurden? Nun nix mehr mit herrlichen Herren und dämlichen Damen? Emanzipation begann mit den "Trümmerfrauen", denn Krieg ist auch der Vater aller jungen Dinger.

Kurz : Alles, was zu Mann und Frau gesagt werden kann, ist wohl wahr und zugleich Unsinn ...

Eine „Putzfrau", putzig neudeutsche „Raumkosmetikerin", ist gut zum Wohnungsputz. Es gibt heute nette „Netzfrauen" ohne Netzstrümpfe, doch „Nutzfrauen" gibt es spätestens seit *Simone de Beauvoirs* „Le deuxième sexe" (Paris, 1949) nicht mehr, falls es sie jemals gab außerhalb männlicher Haremsphantasien von allzeit allseits verfügbaren und einfallsreichen Bettgespielinnen - und überhaupt *weiblichem Menschenmaterial.* Das ist das Allzweckweib als Hausfrau, Gattin, Geliebte, Zuverdienerin, Kinderpädagogin, Krankenschwester, Privatpsychotherapeutin, Lebensgefährtin, Lebensabschnittspartnerin, Zuhörerin, Kameradschaftskumpel, seelischer Fußabtreter und Mülleimer ...

Nach dem (sexuell unaufgeklärten?) europäischen Chefaufklärer *Immanuel Kant* erteilen Ehegatten einander das etwas krude "Recht zur wechselseitigen Benutzung der Geschlechtsorgane". Der strenge Moralphilosoph *Kant* fordert vom Menschen allerdings, den Mit- oder Gegenmenschen „nicht nur als Mittel", sondern immer auch als Zweck zu behandeln. Man könnte daraus umgekehrt fordern, jedermann jederzeit nicht nur als Selbstzweck zu behandeln, sondern immer auch als Mittel. Gibt *Kant* damit nicht den rechtsmoralischen Weg frei zur legitimen „Nutzfrau"? „Der Mann herrscht, die Frau regiert."

Wer wissen will, was Frauen sind und denken und wünschen oder nicht, was sie (nicht) müssen, dürfen, können oder wollen, sollte eher charmante Franzosen befragen als schwerfällige Deutsche. Die französische Literatur quillt über von geistreichen Bonmots zum Nutzen und Nachteil durch salonweiblichen Umgang. Wer Frauen selbst befragt, worin und wozu sie „gut" sind und sein wollen, stößt inzwischen allerdings auf erbitterte feministische Genderabwehr gegen Anbagger-Belästigung. „#MeToo" suggeriert, dass Frauen für diese *Schweinepriester* eher nutzlos als vergewaltigt sein wollen.

Die Frau galt einmal als unspezialisierte Allzweckwaffe im Existenzkampf des zum Fachidioten spezialisierten Mannes. Laut biblischen Schriften ist sie ihm als „Helferin" beigegeben und als solche sorgsamst zu pflegen. Die rechtsförmige Ehe und Familie gilt Zeitgenossen nicht mehr als sodomisierbare Nutztierhaltung, und wenn, dann mit streng einklagbaren Auflageregeln für Stallfütterung, Hege und Pflege. Das Weib soll(te) nicht mehr als „blöde Kuh" Kindermilch und Bettfleisch liefern oder als hündisch ergebenes Haustier („Pet-ting"?) und teuerkapriziöse Kostgängerin gehalten werden, auch nicht als streichelbares wie eigensinnig kratzbürstiges Schmusekätzchen für verwöhnte Herrenkater.

Früher sagte man dem Weibe eine *masochistische* Ader nach, die aber längst weggezüchtet oder überkompensiert scheint. „Nutzfrau" zum Niessnutz und

Frommen ihrer (sowohl moralisch wie leistungspotent) *schlechteren Hälfte* gilt inzwischen als anzeigbares *Unwort* wie „Schwarzer" und „Neger".

Wenn es weder eine „Putzfrau" noch eine „Nutzfrau" mehr geben darf, wozu ist eine Frau aber dann noch gut? „Was will das Weib?", fragte selbst ein *Sigmund Freud* am Ende seines Lebens komisch verzweifelt. Laut *Kant* muss eine Frau sich benutzen lassen von einem Nutzer, den sie benutzen will und darf. „Nutzmann sucht Nutzfrau (oder umgekehrt) zwecks wechselseitiger Nutzanwendung" − bis beide ausgenutzt, vernutzt und abgenutzt als *Philemon und Baucis* einst zu Lindenbäumen werden, falls sie die Götter gastlich bewirten.

Kurz : Man muss sich von ausgesucht anderen gebrauchen und auch verbrauchen lassen, um sie guten Gewissens und ungestraft benutzen und missbrauchen zu dürfen. *„Do ut des."* Ich nütz dir, damit du mir nützt, und auch der Kuchenfress-Dame nutzt es nur, dass und wenn sie Herren und Kind(eskind)ern nutzt. Es nützt nichts : Auch Frauen, die von (ihren) Männern zu nichts mehr zu gebrauchen sind (et vice versa), sind Nichtsnutze, die ihr Gnadenbrot voneinander essen müssen? Neue "unbenutzbare Nutzfrauen" nutzen ihre bisher ungenutzte Freiheit, sich am Fliessband von Familienbanden zu emanzipieren.
Eine satyrnützliche Satire!

Der passionierte Radiokunde nimmt sich der Nutz- und Einschleimstimmen von Radiosprecherinnen an. Nutzfee, Nuttzmagd, Senderamazone : Schöne Stimmen des schönen Geschlechts als Waren, um Waren an den Mann und die Frau zu bringen. Die sanften Verführerstimmen unsichtbarer Rundfunkfrauen hauchen ihm ihr verruchtes "Follow me!" ins wehrlose Ohr. Der herausfordernd erotische Sirenenklang im Dienste von Politik und Kapital irritiert manchen besonders, und das Profitspiel mit der akustischen „Vorlust" (Freud) potent(iell)er Kund(inn)en brandmarkt mancher Hörer als infam und perfid.

Hat "Emanzipation" also nur die Ausweitung weiblicher Prostitution auf den gesamten Arbeitsmarkt begünstigt?

Plädoyer für die utopische Hochrisikogruppe proletarischer Intellektueller
Riskante Risikoabwehr

Jeder Sterbliche gehört wohl zu mindestens einer „Risikogruppe" und derzeit nicht nur zur prominentesten Weltrisikogruppe der Weltvirusopfer und auch nicht zwingend zur *Restrisikogruppe* besonders gefährdeter Hochbetagter und/oder Vorerkrankter, von denen plötzlich die dauermediale Rede ist. Jeder Mensch zählt zur täglichen Verlustrisikogruppe der Todeskandidaten, aber nicht jedermann jederzeit in gleichem Wahrscheinlichkeitsausmaß. Arme, sozial Schwache und Benachteiligte gehörten schon immer zu viel mehr Hochrisikogruppen als Reiche, Mächtige und sonst Privilegierte. Die sozialen Gruppen/ Schichten/Klassen unterscheiden sich auch nach Art und Grad ihrer Risiko-Expositionen in Fabriken und Büros, Villen und Baracken, Elendsquartieren und „gated communities".

Ein deutscher Zeitsoldat, der am Hindukusch Dienst tut, geht kein Risiko ein, weil er diesen Aufenthalt ja nicht frei gewählt hat, aber läuft doch hochexponiert Gefahr, nicht nur nächstens erschossen zu werden, sondern auch von seiner emanzipierten Frau/ Freundin daheim nach Strich und Fädchen betrogen zu werden, was seine Kampfkraft sicher erhöht.

Jeder Autofahrer riskiert auf den Straßen bewusst die tägliche Möglichkeit, Mörder oder Mordopfer zu werden : Tatwerkzeug PKW. Es lauert überall neben jeder Gewinnchance ein dazugehöriges Verlustrisiko, sodass der renommierte Soziologe *Ulrich Beck* die moderne „Risikogesellschaft" kreierte, welche zu jeder technologischen Neuerung eine ständig nachzukontrollierende *Folgenrisikoabschätzung* von Expertenkommissionen verlangte, um den „gesellschaftlichen Fortschritt" (sprich: persönlichen Rückschritt) beherrschbar zu halten − und damit nicht jede Problemlösung schärfere Probleme schafft, als sie zu beseitigen verspricht.

Die soziale Unterschicht der Lohnabhängigen in den Fabriken riskiert täglich und weltweit auf allen Feldern (Gesundheit, Gratifikationen, Ansehen, Gerechtigkeit etc.) ungleich mehr als schon die vergleichsweise privilegierte Kleinbürgerschicht der Angestellten in den Büros. (Und unendlich mehr als die bearbeitete "Umwelt" selber.) Der Mittelstand ist Sklave der Oberschicht und darf dafür die Sklavenpeitsche über die gesichtslose Unterschicht schwingen. Die Obertanen leisten sich mittelständische Expertenkulturen und Managerheere, welche die Drecks- und Knochenarbeiten für sie dirigieren dürfen. Wie sind die „Risikogruppen" wohl zwischen Eliten und Mob, zwischen Adel und Pöbel verteilt?

Das medial unablässig heraufbeschworene Risiko einer („menschgemachten" und damit unterschiedslos alle Menschen betreffenden) globalen „Klimakatastrophe" und „Umweltzerstörung" z. B. soll nur ablenken von den Risiken, denen die Parias und Arbeitssklaven seit Anbeginn aller Hochkulturen tagtäglich ausgesetzt waren bis auf den heutigen Tag und St. Immerlein. Die ökonomische Frage war immer dringlich, die ökologische Frage ist nur aufdringlich. An der „sozialen Frage" allein ist in the long run bisher ausnahmslos eine jede Kultur und Gesellschaft gescheitert und schließlich zu Grunde gegangen – wovon unsere Wissenschaftler bis heute nicht viel wissen wollen.

Das Risiko, dass die *grüne Naturmutter* schlapp macht, wenn man sie weiterhin großchemisch „schändet", ist sicher verschwindend gering gegenüber dem Risiko, dass die menschliche Natur der industriellen Naturbearbeiter zerstört wird. Das herbeigeschriene grüne Risiko soll das stille rote Aufruhrrisiko ja nur verdrängt halten.

Die Welthöchstrisikogruppe aber scheint mir derzeit allgemein nur aus einem autonomen "Individuum" zu bestehen und im Besonderen aus dem proletarischen Individuum, das von allen Kollektiven (und Gegenkollektiven) gleichermaßen kolonisiert und bedroht ist. Der individualisierte Bürger riskiert seine Isolation, der einzelne Prolet läuft hingegen ständig Gefahr, in der Masse seiner Klasse verschwunden zu bleiben und zugleich von mächtigen gesellschaftlichen Interessengruppen und "Rackets" vereinnahmt, beansprucht, umworben, unterdrückt und ausgebeutet zu werden. Die unterste Klassengruppe riskiert es, ewig unten zu bleiben, solange sie sich nicht in ihren Individuen endlich einmal verfeinert − psychisch und intellektuell, autodidaktisch hochkulturell und künstlerisch. Das ist der erste Schritt zu einer *Sozialrevolution,* die diesen Namen verdienen würde und keine bildungsbürgerliche "Kulturrevolution" bleibt, die es riskiert, wie alles andere folgenlos im Sande zu verlaufen ...

Die Reichen und Mächtigen bilden eine Risikogruppe, weil sie ein permanentes Risiko sind für die Geistreicheren und Schmächtigeren. Das grösste Risiko besteht immer darin, jedes zu meiden. Der proletarische Intellektuelle wäre ein Risikowagnis für sich und seine Gegner, die im Traum nicht mit ihm rechnen.

Der unabhängige Einzelne, kein einmaliger Verein, ist das einzige vollkommene Ebenbild des Einen im Himmel und riskiert es lieber, im Bunde mit dem Allmächtigen alle Mächtigen zu distanzieren, als umgekehrt im Bunde mit seinen Herr(schaft)en den himmlischen HErrn herauszufordern. Die "Bible Left" enthält "im Namen des restaurierten Gesetzes"

eine komplette monotheistische Sklavenselbstbe-
freiungstheorie, die weitaus weniger riskiert als
jeder andere „Revolutionssozialismus", ob nun links
oder rechts. − Auch Proletarierinnen zählen zu den
Höchstrisikogruppen, sofern sie teuflisch versucht
sein könnten, sich hochriskant vom Familienband
fürs Fließband und von Mann und Kind für Firmenchefs "feministisch zu emanzipieren".

Handarbeiter(innen) müssten ja Kopfarbeiter(innen)
werden, sonst riskieren sie Verewigung des Alther-
gebrachten.

Lug und Betrug als Volksbeglückung?

An dieser Stelle wollen wir nur jene Formen von Betrug verhandeln, die völlig legal und nicht justiziabel sind, wo es also um arglistige und heimtückische „Vermögensdelikte" geht, die nicht unbedingt ans Bankvermögen gehen, sondern eher das Aktions- und Denkvermögen nachhaltig (be)schädigen, ohne deshalb eingeklagt und oder auch nur zum anerkannten Thema öffentlicher Mediendebatten gemacht werden zu können. Solche Gaunerstücke ohne Gauner übertreffen durch angerichteten Dachschaden allen einsichtig zu machenden Sachschaden

Die *Tücke des Subjekts* ist dort eine Tücke des gesellschaftlichen Gesamtsubjekts, ohne nun einzelne Schuldige namhaft und dingfest machen zu können, ein schleichendes, langsam wirkendes und schwer nachweisbares Hochgift, welches inzwischen alles durchdrungen und kontaminiert hat und wie ein atmosphärisches Fluidum jedes Massenkommunikationsmedium moduliert : eine Verschwörung ohne Verschwörer, eine verschworene Gemeinschaft ohne gemeinen Schwur, eine Kollektivierung durch Atomisierung, eine Atomisierung durch Kollektivierung hindurch. Adorno und Horkheimer sprachen von "universellem Verblendungszusammenhang" der aufgeklärt technokratisch "verwalteten Welt". Die

Entmythologisierung der Welt wurde zum (be)trügerischen Supermythos, der alle(s) verhext.

Dieser klandestine Lug und Betrug am Individuum geschieht tagtäglich unmerklich feindosiert, um sich die Unterwerfung der begeistert mitmachenden Opfer zu erschleichen, die sich dazu noch als selbstbestimmte und gesellschaftlich respektierte Subjekte und Rechtssubjekte fühlen dürfen. Auf solch manipulativen Dauermethoden auch nur kritisch hinzuweisen, kann leicht und überzeugend als typisch intellektuelle Paranoia abgetan werden.

Diese Methoden füllen den Werkzeugkasten einer medial vorherrschenden Ideologie, die als gesellschaftliche Wahrheit firmiert, während umgekehrt die vergleichsweise objektive Triftigkeit als bloß fixe Idee von überkandidelten Eierköpfen und gespenstersehenden Highbrow-Spinnern gern blamiert wird. Lebenslang und lebenslänglich nach Strich und Faden betrogen zu werden, leibhaftig wie kulturell, wird als stolze „Autonomie der Person" erlebbar gemacht.

Die gesamte „Popkultur" der Moderne (und der *Postmoderne,* welche mit den Versatzstücken aller Traditionsbestände nur noch unverbindlich kombinatorisch spielt) lässt sich zwanglos verstehen als Arsenal von mehr oder weniger raffiniert kaschierten *Trojanern,* von Schadstoff-Software, welche die psychomentale Festplatte des Einzelnen mit automa-

tisierten Trashware-Programmen überschwemmen
und verseuchen wie scheinheilige „Botnets", die als
Nutzhelfer und Lustspender sich willig anbieten.

Das Spektrum der Popkultur ist weder einfach eine
demokratisierte und popularisierte Version der bil-
dungsbürgerlichen und als elitär verschrienen
„Hochkultur" noch eine eigene kreative Hervor-
bringung des gemeinen Volkes — so wenig wie das
Volkslied früherer Zeiten. Das Volk ist nicht „tüm-
lich", wußte Brecht. Wie alle Volksmärchen letztlich Kunstmärchen der Gebildeten sind, so ist die
populäre Popkultur nicht Kultur des Volkes, sondern
kalkulierte Mittelstandskultur *für* das Volk und gegen das Volk, ohne dass die einstige Hochkultur nun
die Standeskultur des Mittelstands geblieben wäre,
sondern selber zur mesquinen Subkultur herabsank.
Kultur wurde nicht demokratisch popularisiert, sondern schlicht vulgarisiert auf Comic- und Sprechbla-
senniveau von Reklamespots und elektronischen
Gassenhauern.

Das spricht mehr gegen die begeisterten Le-
ser_Innen als gegen die Autor(Inn)en von Trivialliteratur wie "Groschenromane", denn Autoren bedienen ja nur die gängigen Marktinteressen. Der Autor
Peter Handke schrieb 1965 das noch hochaktuelle
Schauspiel "Publikumsbeschimpfung". Trivialkunst
und Popmusik "unterhaltsam" zu finden, ist eben
keine individuelle Geschmackssache, wie immer
herablassend "tolerant" gesagt wird, sondern das

Fehlen von jedem entwickelteren Geschmack. Solch humane Kritik hingegen wird dann allzu gern als "elitäre Arroganz" abgetan. Hochkultur ist aber nachweislich viel unterhaltsamer als alles, was "nur unterhalten will". Der Sinn dafür setzt jedoch Musse und zweckfreie Bildung statt nur Berufausbildung voraus, also radikale Reduzierung der gesellschaftlich notwendigen allgemeinen Arbeitszeiten. (Dazu mein weiterführender Aufsatz „Industrialismus und Freiheit")

Es geht auch nicht um "heile Welt" in Realität oder literarischen Idyllen. Leser wären gegen sich selbst zu verteidigen, denn sie haben mehr verdient, als sich mit geistigen Lollipop-Drogen abspeisen zu lassen, nach denen sie süchtig sind. Autoren machen sich gern zu deren Dealern. Menschen gieren heute nach ihrer eigenen Selbsterniedrigung, denn im Grunde ahnt jeder, dass er kulturell unablässig ums Beste betrogen und mit poliertem Infantilschund abgefunden wird und dass ihm nicht mehr zugetraut wird, um ihn manipulierbar zu halten.

Literatur aber sollte den Leser sensibler und anspruchsvoller machen und auch (heraus)fordern und nicht in seinen bequemsten und primitivsten Vorlieben noch bestätigen. Dieser "menschenfreundliche" Dienst am Kunden ist im Grunde menschenverachtend, wo er gestresste Leute nur "zerstreuen" und wieder fit machen will für den nächsten Arbeitstag an Ausbeutung. Da siegt auch nicht "Gefühl über

Verstand", sondern oft nur sentimentaler Kunstgewerbekitsch über trainierte Urteilskraft. Der Trivial-
autor beliefert seine Klientel mustergültig, scheint es
: Das gerade ist in schärferen Augen aber ja das
Fatale! Mit "Fantasy" z.B. wird Phantasie eher ab-
gestumpft als gefördert. Das ist auch keine volksna-
ive Schreiberei, sondern eher gerissenes Handwerk.

Dass "breite Mehrheiten" nur solche Konfektions-
ware verlangen, spricht weniger gegen den Einzelnen als gegen den desolaten Zustand der Gesellschaft. Zeitgenossen müssen sich seelisch und geistig dauernd selbst verstümmeln und un(ter)ent-
wickelt halten, um gesellschaftlich reibungsloser
funktionieren und den ganzen Rummel mitmachen
zu können – damit Kunst ihnen ja keine kritische
Besinnungspause bieten kann. Den gern gefälligen
Trivialproduzenten geben diese unmündigen Kun-
denwünsche eher Unrecht als Recht.

Ein zartes Bedürfnis nach qualitativ Anspruchsvol-
lerem und Humanerem will erst geweckt und sorg-
fältig kultiviert werden, das bringt niemand von
Natur aus mit auf die Welt. Popkunst ist nichts als
barbarische Industriekultur für und gegen die Massen von Herdentieren, die sich so niemals in ihren
Individuen verfeinern.

Und Rudel zerfleischen sich gegenseitig, wenn sie
keine "Fremden" und Außenseiter mehr projektiv-
paranoisch auszuschließen haben.

Der Industrialismus, der ja nur kapitalistisch rentabel ist, sollte langsam mal als bloßes geschichtliches Intermezzo betrachtet werden, das es geistig zu überwinden gilt, ohne in Agrarfeudalismus (oder "Sozialismus") zurückzufallen. Wohin der Industrialismus ohne Kapitalismus führt, zeigten die Sozialismen jeder Spielart. Tendenziell funktioniert nur der vollentwickelte Kapitalismus und kein Schwellenland. Und das Füllhorn des Industriekapitalismus ist nicht zu haben, ohne die Büchse der Pandora zu sein. Gibt es einen Weg auch nur zur "Teflonbratpfanne" ohne Tor zur Atomrakete? Das Entsetzliche ist da fairer Marktpreis des Hocherwünschten.

Das ist die Hardware : "It's the economy, stupid!" *(Bill Clinton, 1992)* Die Software dazu ist das kulturkritische bis satirische Gezeter über die humanen Betriebskosten des Ganzen, wenn man auf die suchtgewohnten Segnungen nicht verzichten will : Nichts als Feuilleton und Psychoventile, Mückenstiche, die den kapitalen Elefanten nicht jucken. Alle mehr oder weniger satirische Kultur- und Sozialkritik, die man immer unverdrossen versucht, scheren das Kapital wenig und müssen es nicht kümmern. Das ist Kontemplation oder Entertainment gegen Langeweile und in jedem Fall nur wirkungsloses *preaching to the saved.*

Betrug : Dass die Welt den ewigen Industriefortschritt zwingend braucht, dürfte nichts sein als erpresserische Ideologie, denn die meisten heute produzierten Waren sind so sinnlos und schädlich wie die dazu erforderlichen Arbeiten und Machtstrukturen, ohne doch Elend wirklich zu beseitigen.

Die Politiker und Medienschaffenden, auf die gern alles geschoben wird, sind auch nur getriebene Agenten abstrakter Strukturen. Natürlich können sie aufbegehren, werden aber dann sofort vom Karussell geschleudert. Selbst das Kapital braucht heute neben angestellten Managern keine Kapitalisten mehr. Diese von Menschen ersonnene geniale Megamaschine handelt rascher und autonomer als wir, modernisiert sich selber durch permanente Krisen hindurch und behandelt uns rentabel. Man muss nicht mitmachen, geht dann aber aller Prämien verlustig.

Wer, der einen noch so schmalen Sozialstaat zu verlieren hat, riskiert da Aufstand? "Sozialrevolutionen" sind veraltet und ersetzt durch blosse "Kulturrrevolutionen". So bereiten etwa die "Umweltbewegungen" nur neuen "digitalen" Technologieschub vor, und die "Frauenbewegungen" bedienen lediglich den Arbeitsmarkt. − Der linke Sozialwissenschaftler Wolfgang Pohrt z.B. sah schon zur Mitte der Achtziger Jahre in den hiesigen neutralistischen "Friedensbewegungen" nur eine neue alte "nationale Erweckungsbewegung". Die "soziale Frage" hat die sozialistischen Antworten offenbar nur überlebt, um nun von "Umweltproblemen" erfolgreich verdrängt gehalten werden zu können. Das Grüne soll vom

Roten ja nur "wertkonservativ" ablenken, das Wetterklima vom Industriebetriebsklima. "Bewahrung der Natur", aber wohl nicht vor einer nächsten Industriedigitalisierung?

Jeder macht sich so zum betrogenen Betrüger, Nutzniesser und Komplize zugleich. Nur die Reichen werden immer reicher und die Armen immer ärmer. Die Reichen wurden im letzten Jahrzehnt doppelt so reich, die Habenichtse auch − das nennt sich sozial gerecht oder sozialgerecht und ist nicht justiziabel. Allein das Kapital selber samt Vollziehern ist permanent revolutionär und progressiv, und machen "kritische Kulturschaffende" mehr als dessen Pausenclowns?

Vom Viehhirten über Viehzüchter
zum Stimmvieh – *Landbau oder Bauland?*

Deutsches Spruchgut:

„Bauer und Schweine haben immer
etwas zu grunzen."
"In einem trockenen Sommer verdirbt kein Bauer."
"Der Herrgott macht die Ernte
und der Bauer die Preise."
"Bürger und Bauer scheidet nichts als die Mauer."
"Ein Bauer bekommt leichter eine Frau
als eine Kuh."
"Der Bauer wünscht sich Regen,
der Wandersmann Sonnenschein."
"Wer einen Bauern betrügen will,
muss einen Bauern mitbringen."
"Die Bauern sind wie das liebe Vieh." (M. Luther)
"Ein Bauer ist an Ochsen statt,
nur dass er keine Hörner hat." (altpreußisch)
"Der Bauer ist auch ein Mensch – so zu sagen."
(Fr. Schiller, "Wallenstein")
"Zehn Ochsen und ein Bauer sind zwölf Stück
Rindvieh." (Eduard Mörike)
"Wenn der Bauer wird ein Edelmann,
guckt er den Pflug mit Brillen an."
("Griechen-Müller")
"Was der Bauer nicht frisst, das kennt er."

(Nikolaus Cybinski)
"Großeltern : Bauer. Eltern : Landwirt.
Enkel : Agrar-Ökonom." (Willy Meurer)

"Im Märzen der Bauer ..." den Traktor anwirft.
Bauernhof zwischen Königshof und Hinterhof, der
Vollerwerbslandwirt über Landarbeiter unterm Feu-
dalritter und "Pfeffersack", nitratverseuchte Boden-
nutzungsverordnung, Glyphosatskandal mit Dioxin-
futter, genmanipulierter Preiskampf mit Nahrungs-
mittelkonzernen, Massendiscountern und anderen
Billigheimern, Überlebenskampf von anbauspeziali-
sierten Kleinbauernbetrieben, nun Gülleverordnung,
Nährstand als *Wehrstand* gegen großstädtischen
Lehrstand, Freibauern und Zinsbauern, Dorfgenosse
der Urproduktion, Diplomlandwirt, reicher Biobau-
er, armer Milchbauer, Bauernrepublik, Bauernpartei,
Bauerntanz, Bauernkriege, Bauernfängerei, vom
Bauerntrampel zum Agrar-Ingenieur …

Wenn der Hahn kräht auf dem Mist,
der Bauer auf der Bäuerin ist
und zieht auf seinem Acker
Furch´ um Furche wacker
noch als alter K(n)acker
und kalter Bauer.

Gesunder Stallgeruch contra Feinstaub-Smog, rühr-
selige Landschaft oder unberührte Vaterlandwirtschaft, Schädlingsresistenz oder nur Antibiotika-
Resistenz? Der Landwirt mit mehr PS als Ackergäu-

len wurde zum Gastwirt bauernschlauer Ferienstädter. Die Metropole ist der Alptraum des erdverbundenen Bauern, das Landleben der Wunschtraum des feinen Großstadtpinkels. Stadtfrust abonniert sich Zeitschriften wie „Grüne Landlust", doch wer den authentischen Landwirt kennenlernen will, liest besser *Emile Zolas* „La Terre" : Landleben als Hölle auf Erden.

Rustikale Ursprünglichkeit gegen bodenversiegelte Urbanität, Ackerkrume contra Betongold, Lindenbaum wider Schlagbaum? Edle Freilandhühner contra ekle Legebatterien oder dumme Bauerntrampel gegen geschliffene Salonbauern? Der Acker des Kleinbuergers ist der eigene Schrebergarten samt Mentalität, das Hofbräuhaus des Bauern ist die Dorfschenke. Der Mercedes-S des armgeredeten Gummistiefelbauern ist so sprichwörtlich wie das Bio-Fahrrad des überkandidelten Großstädters, aber die Ackerfurche wurde zu einem Milliarden-Subventionsgrab : Die Stadt ernährt längst das Land.

Die Wahrheit des stolzen Bauernstandes ist der arme Landarbeiter ohne eigene Scholle, und der *Landwirtschaftsgehilfe* ist vom Vollbauern abhängiger als der Agrar-Ökonom vom Wetter(dienst). Die "soziale Frage" stellt sich ja anders in Vaterstadt und Vaterland. *Agrarindustrie* hat mit Bauernromantik so wenig zu tun wie Fabriklunge mit Atemluft. Das Brot kommt aus Brotfabriken, statt auf Bäumen zu wachsen, und der Schweinebraten aus Tierfabriken statt aus der Hosenstallwärme. Kuharsch-Methan wurde zum Klimakiller, und schon der großbürgerlich denkende Bürgerschreck *Karl Marx* sprach von der „Idiotie des Landlebens". „Landluft macht frei" von aller Kultur.

1786 antwortete Immanuel **Kant** **auf** *Herders* "Ideen zur Philosophie der Geschichte der Menschheit" (1785) mit seinen "Mutmaßungen zum Anfang des Menschengeschlechts" :

»So lange nun noch die nomadischen Hirtenvölker, welche allein Gott für ihren Herrn erkennen, die Städtebewohner und Ackerleute, welche einen Menschen (Obrigkeit) zum Herrn haben (Genesis VI,4), umschwärmten, und als abgesagte Feinde alles Landeigentums diese anfeindeten und von diesen wieder angefeindet wurden, war zwar kontinuierlicher Krieg zwischen beiden, wenigstens unaufhörliche Kriegsgefahr, und beiderseitige Völker konnten daher im Inneren wenigstens des unschätzbaren Guts der Freiheit froh werden − (denn Kriegsgefahr ist auch jetzt noch das einzige, was den Despotismus mäßigt; ...« − »Das Hirtenleben ist nicht allein gemächlich, sondern gibt auch, weil es in einem weit und breit unbewohnten Boden an Futter nicht mangeln kann, den sichersten Unterhalt ... So konnte der Ackersmann den Hirten als vom Himmel mehr begünstigt zu beneiden scheinen (1. Mose 3,4).«

In einer Fußnote erläutert Kant das freie „patriarchalische" Verhältnis des Wüstenscheichs zu den nomadischen Beduinen : »Dieser ist keineswegs Herr
über sie, und kann nach seinem Kopfe keine Gewalt
an ihnen ausüben. Denn in einem Hirtenvolke, da
niemand liegendes Eigentum hat, welches er zu-
rücklassen musste, kann jede Familie, der es da
missfällt, sich sehr leicht vom Stamme absondern,
um einen ändern zu verstärken.«

Der Nomade Abel war von Gott nicht favorisiert,
weil er von Bauer Kain erschlagen wurde, sondern
wurde umgekehrt von Kain erschlagen, weil er als
Nomade Gottes Günstling war. Noch bei *Jeshua ben
Joseph* klingt etwas davon nach: »Sehet die Vögel
im Himmel an, sie säen nicht, sie ernten nicht und
sammeln nicht in die Scheunen; und der himmlische
Vater nähret sie doch. Seid ihr denn nicht viel mehr
als sie?« (Mt. 6,26) Die beiden Söhne des Ureltern-
paares: Der HErr zog das Opfer des Wanderhirten
(!) Abel dem Opfer des Bauern (!) Kain vor, ver-
schonte aber den erstgeborenen Brudermörder, der
es für Ihn getan hatte. Wir alle stammen ab vom
Brudermörder Kain, nicht vom gottwohlgefälligen
Nomaden Abel (hebr. : „Hauch", „schwach").

Als der Steinzeitmensch noch gemächlich seiner
Herde folgte, noch kein einziger Getreidehalm an-
gebaut war, noch niemand ein abgestecktes Stück
Land dem Weltschöpfer geklaut und kriegstreibend
für sich allein beansprucht hatte, als die Gesellschaft

nicht viel größer war als ein freiwillig lockerer Verband von Großfamilien und Sippen in der Steppe, als die Machthierarchien nicht viel steiler waren als die zwischen Mann und Frau und Kind(eskind)ern, als der Unterschied von Mensch und Landschaft noch kein Unterschied von Stadt und Landwirtschaft war, nannte die Bibel diesen Zustand den *Garten Eden*, das Paradies, aus dem der Nomade sich selber vertrieb, als er vom *Baum der Erkenntnis* aß – der Erkenntnis nämlich, wie Gottes Schöpfung am besten erschöpfend zu missbrauchen wäre als bloßer Rohstoff für bessere Schöpfungen dieser sesshaften Übermenschen. Die christliche *Erbsünde* hat ihren rationalen Kern in diesem selbstverschuldeten Fall der nomadischen Jäger, Hirten, Fischer und Sammler in die gottverfluchte Welt der feudal sich organisierenden sesshaften Ackerbauern und Viehzüchter. „Als Adam grub und Eva spann, wo war denn da der Edelmann?" Wenn wir nicht ganz so weit zurückschauen, entsteht ein Erbadel erst seit Beginn der Landwirtschaft gegen Landschaften, in der neolithischen Revolution vor rund 10.000 Jahren. Ackerbau, Viehzucht und Grundbesitz siegten über Jahrhunderttausende von relativ egalitärem Nomadentum. Der in der Erde herumwühlende sesshafte Bauer vertrieb die vagabundierend müßiggehenden Hirten, Fischer und Sammler und schuftete für vornehmere Lehnsherrn. Der *Adel der Menschheit* verschlimmbesserte Gottes Schöpfung, indem er sie zum bloßen Rohstoff eigener Schöpfungen machte. Die Lords wissen es immer besser als der LORD …

Spirituelles, Spiritisten oder Spirituosen?
Zeitgeistige Geisterzeit

Wo Religionen Baisse melden, verzeichnen Spiritisten, Esoteriker, Mystiker, Astrologen, "Geistheiler" und andere Apokryphen eine Hausse nach der anderen. Wer nicht mehr Einem Gott glaubt, glaubt fast alles andere und wird so etwas wie ein laizistischer Polytheist, innerweltlich wie außerirdisch galaktisch. Wo rational-logische Theologie welkt, blüht (para)psychologische Theosophie oder homöopathische Anthroposophie umso hemmungsloser.

Werden heiß(laufend)e Hochindustriegesellschaften zunehmend materiell und alle Felder des säkularisierten Lebens durchökonomisiert, erwacht zur Balance das prompte Gegenbedürfnis nach irgendetwas „Jeistigerem", nach Überirdischem, Über- oder Untersinnlichem, nach Engeln und Dämonen, unfehlbaren Glücksamuletten und tischrückenden Séancen, astralleiblichen Ahnenbeschwörungen, größenwahnsinnigen Telepathien und Telekinesen, Tarotkartenlesen und Pendelbefragungen.

Wo der Teufel geleugnet wird, regieren die Zauberhexen, und wo das bisschen Geist schwindet, schwindeln die begeistert beschworenen Geister, was das Zeug hält. Die Menschen werden willfährige Opfer ihrer eigenen Wunsch- und Schreckbilder, also hilflose Produkte ihrer eigenen phantastischen Projekte und Spuk-Projektionen.

Beliebte Zutaten zum tendenziell geisteskranken Eintopf, je nach Konjunktur : Halbverdauter Euro-Buddhismus und Taoismus, Zen-Erleuchtung, Tibetanisches oder Ägyptisches Totenbuch, Hermetismus (nach „Hermes Trismegistos"), indienfernes Yogbär-Yoga, Poona-Instant-Spiritualität, das meiste zu ermäßigten Kosten …

Wo es nur noch Grobsinnliches gibt, vermisst der Feinsinn rasch den Sinn des Ganzen, und wo die nüchternen fünf Sinne überhand nehmen, erwacht ein „sechster Sinn" für Mystik und Mythen, Magier und Märchen. Wo Gottvater hoch droben totgesagt ist, macht man sich auf den Tiefgang zu den Großen Müttern hinab, zu *Mutter Erde* und *Mutter Natur*, aber diese „Magna Mater" ist eigentlich nur Teufels Großmutter.

Die vermeintlich *platte* Welt des Materiellen, des nur (Kunst-)Stofflichen wie Finanziellen, sucht Tief(gründig)eres, das einem nicht zu hoch ist. Der materielle Flachsinn giert nach geistigem Tiefsinn. Da werden alle Traditionen rücksichtslos unvorsichtig durchstöbert, nach Belieben geplündert, und jeder „postmoderne" Heilsbedürftige bastelt sich auf eigene Faust und Verantwortung ein wirres Patchwork-Weltbild zusammen aus den inkompatibelsten

Versatzstücken aller Zeiten und Zonen. Das Ergebnis ist dann gewöhnlich auch danach, ein fliegender Flickenteppich aus den dubiosesten Geistesfetzen. Hauptsache, dem Adepten behagt diese unmethodische Melange, die allerdings in aller Regel und in rascher Folge durch ebenso beliebige und beziehungslos andere ersetzt zu werden pflegt. Diese kruden subjektiven Mixturen, pseudowissenschaftlich aufgeputzt, geraten gemeinhin stoffhuberischer und positivistischer als alles traditionell Geistliche. „Positives Denken", das ohne alle „negative Dialektik" auszukommen glaubt, ist kaum zu unterscheiden von der alten rosaroten Brille, die weltfremd lebensuntauglich macht, naiv, autosuggestibel und manipulierbar, heißt es bei den Gewitzteren.

Die „Transzendentale Meditation" (TM) des Guru *Maharishi Yogi* z.B. hat mit Kants Transzendentalphilosophie wenigstens eins gemeinsam : Beide erfüllen alle „apriorischen Bedingungen der Unmöglichkeit jeder Erfahrung", die diesen Namen verdient. Angezogen fühlen sich vor allem psychisch Verstörte, die durch TM noch etwas gestörter werden : Nach der Meditation brauchen sie erst die Psychotherapie, die TM selbst sein will. Die angestrebten „Ferien vom Ich" (ver)führen uns zu einem „kosmischen Bewusstsein", das meist nur komische Bewusstlosigkeit ist. Vom obligaten Egoismus-ohne-Ego geht es zum vermeintlich „wahren Selbst". Dieses besteht allerdings nur in der krampf-

haft verleugneten Entdeckung, wahrhaft niemals
selber existiert zu haben.

„Unio mystica", mystische Vereinigung mit dem
vermeintlichen Urgrund aller Dinge wird ersehnt -
und amalgamiert sich gern mit grassierenden
Selbstoptimierungsexerzitien, um konkurrenzfitter
zu werden auf dem Soft-skill-Markt, ja, die eigene
Macht und Potenz zu erhöhen in den gesellschaftlichen Verteilungskämpfen.

Die meisten der vielen spirituellen Sinnsucher dürf-
ten arme Würstchen sein, die auf geldgierige Betrüger, inspirierte Scharlatane und ideologische Quack-
salber nur zu begierig "abfahren"/hereinfallen.
Wenn sie nicht einfach *Wichtigtuer(inne)n* sind, die
Wichtiges und Nichtiges nicht zu unterscheiden
wissen. Seriös daran ist eher das „metaphysische
Bedürfnis" selbst als die fragwürdigen Arten, es sich
und anderen zu befriedigen.

Im "Spirituellen" heute toben sich wohl meistens
bloße Omnipotenzphantasien von desorientierten
und eingebildeten Großsprecher(inne)n aus, die als
antennenbegabte "Medien" ihre Mitmenschen mani-
pulieren wollen und sogar noch die Quantenphysik
für ihre verstiegenen bis verschrobenen Zwecke
missbrauchen. Sie geben vor, privilegierten Zugang
zu exklusiven geistigen Offenbarungsquellen zu
haben, um geheime und lebenswichtige Botschaften
an ihre Kund(inn)en weiterzugeben. Sie wissen we-

nig, oft weniger als ihre Adressaten, und was sie wissen, unterscheidet sich kaum vom berüchtigten „Gequatsche der Schwiegermutter" (Adorno). Spirituell bedeutet heute eher das Gegenteil von geistvoll, hochgeistig und geistreich.

"Das Medium selbst ist die Botschaft", meinte *Marshall McLuhan* vor Jahrzehnten. Eigentlich sind diese zweibeinigen Medien schon selber die Botschaft, die sie gar nicht haben. Sie verkünden nur sich selbst, also nur, dass sie (ganz für andere) da sind und hochwichtig sind. Sie faseln in falscher Trance und mimen die Orakel-Pythia von Delphi, doch was sie weissagen, ist entweder Blödsinn oder Binsenwahrheit. Es gibt an Medien eben nicht nur Internet, Funk und Fernsehen. – "Om mani padme hum" auf Europäisch?

Wer „positive Energien" und innere „Chakren" aufspürt, Erdstrahlen mit Wünschelruten verfolgt, auf Bachblütentherapie schwört und nach günstigen Meridianen fahndet, ist leicht zu belächeln, aber der Mensch findet seine Orientierung und Sicherheiten, wo er sie braucht. Der Philosoph *Paul Feyerabend*, der „Wider den Methodenzwang" denkt und grundsätzlich alle Forschungsmethoden zulässt, machte sich lustig über alle, die sich gern über solche intellektuell Leichtgläubigen und schlichteren Gemüter lustig machen und erhaben dünken. Die Bildungsprivilegierten haben solche leicht durchschaubaren „Geistheiler" nicht nötig, aber haben eben ihre eigenen Schlafschnuller und Prognosen-Horoskope mit nur etwas anspruchsvolleren Etiketten.

Wer sich verzweifelt ein sinnloses Leben nehmen will, findet keine Hilfe bei den Medien oder der stolzen „Aufklärung", bei Pillen oder gutem Willen, sondern eher bei einer genauso ratlosen Vertrauensperson seiner Umgebung. Da sind selbst Spirituosen noch weit wirkungsvoller und glaubwürdiger als die spirituellen Ratgeber, die sich heute aufspielen.

Apropos Horoskop-Fetischisten, last not least. Die erste und früheste Religion war wohl der astrotheistische Sternenglaube. „Astrologie ist die Metaphysik der dummen Kerle", befand der Sozialphilosoph *Theodor Adorno* bündig.

Jeder heute kennt die sattsam bekannten Argumente, welche die moderne *Astronomie* gegen die traditionelle *Astrologie* auffährt. Das ist inzwischen common sense, doch was haben die geschäftstüchtig windigen Boulevard-Horoskope zu tun mit der altehrwürdigen Sternbeobachtung und Sterndeutungskunst der vergangenen Jahrtausende? Nun haben sogar bedeutende neuzeitliche Astronomen wie Johannes Kepler und Isaac Newton sich und anderen immer wieder astrologische Horoskope erstellt, und sie waren nicht obskurantistischer als zeitgenössische Koryphäen, sondern aufgeklärte Geister ohne Sternaberglauben. Anders als Heutige bedachten sie aber noch, dass im Sonnensystem und erst recht intergalaktisch ständig ungeheure Energie-Umsätze stattfinden, in deren Treffpunkt auch unsere Erde steht. Planeten, Fixsterne und galaktische Spiralnebelarme sind gewaltige Schwungmassen, die einander mit Riesengeschwindigkeiten massiv beeinflussen und das dann zeitlich enorm variabel in Stärke und Richtung, je nach Konstellationen. Erdbewohner sind solchen rhythmisch schwankenden Energie-Umwandlungen dauernd ausgesetzt, und da ist es nur plausibel, dass unterschiedliche menschliche Sensibilitäten und Temperamente je nach Lebensalter sehr unterschiedlich in ihren Lebensläufen darauf reagieren werden. Wie präzise und wissenschaftlich seriös solche so unbezweifelbar permanenten kosmischen Einwirkungen von Gravitationen, Elektromagnetismen und anderen Kräften ("Dunkle Materie", "Dunkle Energie"?) punktgenau an biographischen Typenschicksalen sich prognostizieren lassen, mag eine andere Frage sein. War darin die Tradition vielleicht schon weiter als die stolze Gegenwart? Kurz : Der moderne Astrologie-Verriss scheint halb trivial, wo es gegen Boulevard-„Kosmobiographie" geht, und halb zu kurz gesprungen. Bedient man nicht nur Vorurteile unserer Zeit gegen den Aberglauben der Vergangenheit, und kennt der „aufgeklärte" Zeitgenosse die traditionelle Astrologie überhaupt gut genug? So simpel ist die Sache nicht abgetan, findet einer, der weder Astronom noch Astrologe ist und Horoskope weder erstellt noch liest, sondern eben nur ein bisschen nachzudenken sucht.

Der *lumpenproletarische* Intellektuelle heute

Sollte dem „Tui", dem Paria gegen die Parvenüs, ein *bedingungsloses Grundeinkommen* ausgesetzt werden, um ihn keinem Erwerbsleben in einer überfordernden Arbeitsgesellschaft auszusetzen? Er will und kann die gesellschaftlichen Verhältnisse, die jeden zum Existenzkampf verhalten, nicht ändern, sondern will nur verstehen, was er und manch anderer nicht ausstehen können und das Erklärte an ein potentiell verständnisvolles oder einverstandenes Publikum weitergeben. Das ist kein bezahlter Job, sondern eine Sozialhilfe-Existenz in einem Sozialstaat, der sich in hochindustriellen Leistungsgesellschaften den Luxus leisten kann und soll, weder Mobs noch Revolutionäre gegen sich zu produzieren, sondern ungefährlichere Widerstandsformen.

Eine Funktion des Sozialstaats ist die Revolutionshygiene oder christliche Nächstenliebe oder einfach nur die Gewährung des Menschenrechts auf eine menschenwürdige Randexistenz in der Gesellschaft außerhalb von ihr. Diese integrierte Exterritorialität oder exklusive Inklusivität des *Tui* will als systemexternes Subsystem geduldet und alimentiert sein, wenn die Gesellschaft auch diese Bohème umfasst, welche Marx noch als reaktionäres *Lumpenproletariat* von den produktiven Proletariern wegschob.

Existenz und Geist des proletarischen Intellektuellen
sind so bedroht wie Leib und Leben des echten Parias. Hannah Arendt, die gewöhnlich als politische
Aktivistin missverstanden wird, hatte diesen intellektuellen Paria auch für ihre Person ausdrücklich
philosophisch gefordert und gerechtfertigt. Die fort-
geschrittene Industriegesellschaft ist mehr als reich
genug, ihn wenn nicht zu fördern, so doch zu tole-
rieren. Nicht jeder Begabte muss einen bürgerlich
nützlichen Beruf ergreifen wie Lehrer, Ingenieur,
Wissenschaftler, Arzt, Anwalt, Pfarrer etc. Manche
Hochbegabte z.B. wollen und können nicht so leben,
sie finden die bürgerliche Existenz in der Erwerbs-
gesellschaft schlicht unerträglich und suizidal grau-
envoll. Der Verwaltungsphilosoph Luhmann hatte
gezeigt, dass Weltverbesserung durch Intellektuelle
nur Weltverschlechterung sein könne, weil die intellektuellen Generalisten den spezialisierten Sachver-
ständigen in hochkomplexen Gesellschaften nicht
ersetzen oder gar ausstechen könne. *Tuis* treiben die
gesellschaftliche *Komplexitätsreduktion* zu weit, um
nützlicher zu sein als etwa Künstler. Ein Unter-
schicht-Tui will die Gesellschaft in Ruhe lassen, um
von ihr in Ruhe gelassen zu werden und nur seine
einsamen Exerzitien zu betreiben. Er ist einer von
Luhmanns Beobachtern, der schriftlich mit anderen
Beobachtern kommuniziert und die Undarstellbar-
keit des Ganzen und seiner selbst darin darzustellen
sucht. Intelligenz ist eine spezielle Form von Form-
findung, welche das *Interesse an Interessenlosigkeit*
(Bourdieu) wahrnimmt in den durchökonomisierten

Gesellschaften. Mit Kunst habe sie gemeinsam, dass und wie der Darsteller sich selbst nicht mitdarstellen kann : Ich sehe was, das du nicht siehst, und sehe, dass ich nicht sehe, was ich nicht sehen kann von meinen Blickwinkeln aus. Dichter wie Denker wollen und können der Selbsttotalisierung von sozialen und geistigen Systemen Schranken setzen, indem sie zeigen, dass alles auch ganz anders sein könnte. Die Funktion der „Kontingenzemanzipation" verhindert, dass gelehrte Poesie oder imaginärer Sachverstand nur inkompetentes Ressentiment von Beherrschten wird. Für Luhmann sind Intellektuelle nicht brauchbar als gesellschaftliche Brandbeschleuniger und Partisanen, sondern nicht mehr als Begriffskünstler. „Lumpen-Tuis" leben mit ihren „Glasperlenspielen" in den säkularisierten Mönchsorden der Hightech-Gesellschaften und entwerfen Utopien der Moderne und Antimoderne.

„Freischwebende" *(Mannheim)*, allgemeingebildete Intelligenzen vertreten universelle Normen agonal, ironisch und dissentiell öffentlich mit geschulter politischer und kultureller Urteilskraft. Max Weber sprach auch vom „theologischen Intellektualismus".

Dieser Reflexionsartist entbehrt „der festen sozialen Klassifikation. Er gehört zu einer Art von Pariakaste ..." (1921) : Arendt schloss sich dem Ausdruck an. Das Lachen der thrakischen Magd ist auch für den proletarischen Intellektuellen ein Existenzberechtigungsnachweis. Ohne Zugang zu Qualitätsmedien ist er aber kein pamphletistisches Frühwarnsystem mehr, sondern Selbstverleger mit sehr begrenzter Wirkungsreichweite beim öffentlichen Exponieren.

„Dass jemand sich gleichschaltete, weil er für Frau und Kind zu sorgen hatte, das hat nie ein Mensch übelgenommen. Das Schlimme war doch, dass die dann wirklich daran glaubten!" − „weil man sich sozusagen zu jeder Sache etwas einfallen lassen kann … zum Teil ungeheuer interessante Dinge! … Sie gingen ihren eigenen Einfällen in die Falle …" (Hannah Arendt, 1997). Der unverantwortliche Ästhetizismus der intellektuellen Praxis ist interesselos à la Kant. „Ich selber wirken? Nein, ich will verstehen" und dann andere belehren und überzeugen.

Universaltranszendentale Begründung von Diskurskommunikation in jeder Sprache bei Habermas und Apel lehnte Bourdieu als zu unhistorisch ab. Die Möglichkeitsbedingung von Veröffentlichungsforen müsse soziohistorisch schon etabliert sein. Der *Tui* hält Kulturfelder frei von Geld, Macht und Würden.

„Der Intellektuelle ist ein paradoxes Wesen", das sich zwischen Autonomie und Engagement nicht entscheiden müsse, aber gegen durchökonomisierte Wissenschaften. Er müsse die autonome Eigenlogik von ihm bewirtschafteter Subsysteme verteidigen. Er ist für Luhmann entweder nur anmaßender, aber unterkomplexer *Meisterdenker* oder „moralistischer Terrorist", der keine Gesetzesblätter liest und für

sich die Position des *unbeobachtbaren Beobachters*
und unbewertbaren Auswerters beanspruche, statt
wie der Künstler die ‚Emanzipation der Kontingenz'
„als Modell der Gesellschaft in der Gesellschaft ins
Werk zu setzen." (Niklas Luhmann : „Die Kunst der
Gesellschaft", 1995) Als Spezialist fürs Generelle
und essayistischer Systemkritiker und hat der Intellektuelle bei Luhmann ausgedient. Laut Sloterdijk
weigern sich intelligente Intellektuelle sogar, west-
ichen Überfluss in die Sprache des Mangels zu über-
setzen, und schweigen. Das mag für bürgerlich satu-
rierte *Tuis* gelten, die ihr Privileg nicht reflektieren.

Der Beginn einer wunderbaren Freundschaft?

Seit der Kindheit haben die meisten von uns unzählige suggestive Bilder und markante Sprüche aus mehr oder weniger berühmt gewordenen Spielfilmen in unseren Köpfen - und meist darunter. Wir werden sie nie mehr ganz los, sie unterfüttern alles, und das führt lebenslang eher zu wehmütiger Rührseligkeit als zu fruchtbaren Empfindungen. Die Wirksamkeit dieser sanften Drogen ist unterschwellig und oft subliminal hinterhältig. Bewegte Tonbilder bewegen die Zuschauer und Zuhörer, aber fast immer zu konformistischen Einstellungen, auch und gerade die scheinbar aufmüpfigen.

Filmzitate wirken wie Reklametexte, und sie *sind* nicht mehr als Reklametexte. Sie machen eindringliche bis aufdringliche Werbung für kollektiv erwünschte Lebensgefühle, Weltsichten und Verhaltensdispositionen, die von zu vielen Menschen geteilt werden. Sie etablieren Freund- und Feindbilder tief in die Gemüter. Ihr Einfluss dürfte eher fragwürdig als segensreich sein.

Ich werde hier absichtlich kein einziges solcher weitverbreiteten Zitate wiedergeben oder kommentieren. Sie sind es nicht wert. Sie sind ohnehin in aller Herzen, als gemeinschaftsstiftende und weiterverwertbare Signalmarken, und die Eingeweihten zwinkern sie einander zu. Selbst die vermeintlich aufsässigeren Sprüche aus Filmsequenzen sind nur Erkennungszeichen dubioser Einverständnisse statt kritischer Verständnisse. Ein Sahnebonbon wird gelutscht und - pfft - ist er weg. Leinwandschatten verdunkeln die Bilder der eigenen Phantasie, die weiter verkümmert.

Man zitiert schon häufiger Satzfetzen aus Filmen als aus Büchern. Der Film war neben der Popmusik die vorherrschende Kunst des 20. Jahrhunderts und wird es wohl noch etwas bleiben im 21. Jahrhundert. Er hat längst auch die Intellektuellen erobert und ist eine typische Verfallsform der Literatur und des Theaters.

Spielfilme und Popmusik bilden den wirkmächtigen Großteil der modernen Massenkunst in den Massenmedien. In Demokratien wie in Diktaturen indoktrinieren sie mehr oder weniger plump die Geister durch "Unterhaltung". *Entertainment* ist die legitimierte Modernisierung und gleichzeitige Demontage der Kultur, ihre Entschärfung für den reibungslos unproblematischen Hausgebrauch. Pure Unterhaltung, die auch nichts anderes sein will, mutet nichts zu, geht glatt ein und hat die volkspädagogische Funktion, die Arbeitskraft für den nächsten Werktag zu regenerieren, überschüssige Triebenergien gefahrlos zu entsorgen und in unschädliche Kanäle abzuleiten wie der Sport. Sie erleichtert es uns, mit dem perfiden Weltlauf unseren Frieden zu machen – das schlichtere Gemüt mit primitiveren Mitteln, das anspruchsvollere eben nur mit gerisseneren Mitteln. Man will uns bei Laune halten, damit wir nicht durchdrehen und alles kaputthauen. Aber kann Entertainment die Langweiligkeit des technologisch entlasteten *modern life* vertreiben?

Auch Literaturverfilmungen vergröbern in aller Regel ihre verbaleren Vorlagen, sogar wo sie besser sind als diese. Filmdrehbücher sind gefälschte Lesebücher. Der Zuschauer oder Zuhörer muss seine Phantasie nicht so bemühen wie der Leser. Sprach- und musikunterlegte Bilder sabotieren die Bildung eher, als sie zu stützen. Filme schmeicheln unserer bräsigen Bequemlichkeit in hohem Maße und bedienen meist nur unkultiviert standardisierte Gefühlsschablonen. Sie sind Einübungen in den Massengesellschaftsbetrieb, kaschierte Drillveranstaltungen und illustrierte Schulungskurse des Massenbewusstseins ohne Bewusstsein. Sie wirken am Kopf vorbei direkt auf den Bauch.

Moderne Filmbilder lähmen die Einbildungskraft des einsamen Lesers und seine Urteilskraft gleich mit, sodass Geschmacksurteile sich nachhaltig entsublimieren. Der Spielfilm hilft, erwünschte Kollektive zu erzeugen und emotional zu festigen. Er transportiert unerkannte Ideologien und implantiert sie fast unbemerkt ins geneigte Publikum.

Laufbilderfolgen und Satzfetzen, die aus Filmen hängenbleiben, speisen die Alltagsmythologien der Massenkultur, Erkennungszeichen, die man einander zuwirft, um Zugehörigkeit zu Meinungskollektiven zu signalisieren und einzufordern, nichtswürdig pfiffige Gassenhauer, die keine Einsichten fördern, sondern nur augenzwinkernde Einverständnisse.

Literatur von Rang steht über dem besten Spielfilm, aber das wird seltener mehr gefühlt. Filme sind die Bildungsromane des Industriezeitalters. doch den Gemeinschaften, die sie stiften, ist eher zu misstrauen, und die meisten Filmzitate sind witzverpackte Propagandalosungen kritikloser Mentalitäten.

Spielfilme brauchen, um ihre hohen Kosten einzuspielen, gewöhnlich ein breiteres Publikum als Buchromane, und vulgarisieren, was sie popularisieren. Die besseren haben raffiniert verschraubte Handlungsplots, ihre Held(inn)en aber taugen alle nicht viel, auch wenn sie hier und da hübsch ausschauen. Unsere Vorbilder und Weltbilder im Kopf sind allzu oft triviale Filmbilder. Dass manche der vielen Filme inzwischen einander ironisch zitieren, macht die Sache um keinen Deut besser.

Geht es um den Popkulturwahn, sei man ein Spielverderber : Wer Entertainment unterhaltsamer findet als Hochkultur, hat bisher wenig Geschmack entwickelt. Die Begeisterung für die meisten Filmidole

und ihre Weisheiten aus den Zelluloid-Traum-
fabriken habe ich nie teilen können. Sie kamen mir
vor wie todlangweilige Hanswurste, die sich mit
platten Scheinproblemen herumschlugen und nichts
Nennenswertes zu sagen und zu tun hatten. "Film-
kunst" baut besonders nahe am Kunstgewerbe und
Edelkitsch. Zeitverschwendung.

Aus jedem Spielfilm kommt man etwas schlechter
heraus, als man hineingegangen ist, ob nun Kino-
palast, Fernseher oder Internetportal ...

Ist da noch jemand?

Ein Bergsteiger rutscht plötzlich aus und kann sich
gerade noch an einem winzigen Felsvorsprung fest-
halten. Als seine Kräfte nachlassen, blickt er ver-
zweifelt zum Himmel und fragt : "Ist da jemand?"
"Ja."
"Was soll ich tun?"
"Sprich ein Gebet und lass los."
Der Bergsteiger nach kurzem Überlegen :
"Ist da noch jemand?"

Der fragende Bergsteiger glaubt wohl an vier mögliche Antworten statt nur einer einzigen :
1. „Ja, hier spricht noch sein Gegenspieler
    mit einem besseren Angebot.“
2. „Nein, hier gibt es nur mich und dich
    allein.“
3. „Nein, hier hörst du nur deine eigene
    Stimme, du Spinner!“
4. Oder der Bergsteiger hört gar keine weitere
    Antwort. Das ist auch eine.

Nun kann unser armer Freund noch so etwas wie
„Pascals Wette“ abschließen, dass der mögliche
Verlust von begrenzter Lebenszeit so gut wie nichts
sei gegen einen möglichen unendlichen Gewinn der

Ewigkeit. Wenn es „da oben" etwas gibt, bist du gerettet, und wenn da nichts ist, versäumst du hienieden auch nicht so viel.

Von der Beantwortung dieser Witzfrage hängt aber nicht gar so viel ab, leider oder zum Glück. Da der Bergsteiger nicht mehr allzu lange auf menschliche Retter warten kann, bleibt ihm gar nichts anderes übrig, als weiter um Hilfe zu rufen, bis ihn die Kräfte verlassen, oder mit dem Mut der Verzweiflung in die Arme des Retters zu springen, bevor er ohnehin abstürzt. Ob nun Gottvertrauen, Welturvertrauen oder Selbstvertrauen : fall oder spring! Der Fall allerdings ist wohl in jedem Fall tödlich, der befohlene Sprung ins Ungewisse aber vielleicht nicht.

Die Stimme verlangt keine Vorleistung, sondern nur um ein Gebet wird gebeten. „Bittet, so wird euch gegeben". Nicht : Handelt und schuftet, dann wird's uns gegeben. *Sehet die Lilien auf dem Felde, sie säen nicht, sie ernten nicht und werden doch erhalten.* Wenn ihr meine Bitte um Betteln erhört, werdet ihr wissen, wer euch gegeben hat, nicht eher.

Aber warum hat dieser Blödmann sich überhaupt ohne Not in diese Notlage gebracht und kraxelt freiwillig in den Bergen herum, statt auf dem (fliegenden) Teppich zu bleiben? Was sucht er dort oben anderes als den Sturz in den Abgrund? Selber schuld, das Mitleid hält sich in Grenzen. Hoch-Mut kommt vor den (oder dem) Fall! Also bleibe hier unten und nähre dich redlich, statt dich voller Hybris mit den Himmlischen zu messen?

Ist da oben noch jemand mit einem besseren Angebot? Satan *(Scheitan)*, der alte Widersacher und Diabolos (Durcheinanderbringer), verspricht sicher immer das Blaue vom Himmel herunter und fordert dafür nur so etwas wie die „unsterbliche Seele", an die heute ohnehin niemand mehr glaubt, der noch bei Verstand ist und nur noch an den Leibesfraß für die Würmer glaubt - also mutmaßlich unser neuheidnisch freigeistig denkender und aufgeklärter Bergsteiger.

Oder ist die in Aussicht gestellte Rettung nur das Angebot eines geltungssüchtigen Betrügers, der von Gutgläubigen angebetet werden will und − vielleicht doch einen besseren und mächtigeren Gegner hinter sich hat?

Oder hört der Bergsteiger nur noch psychotische Stimmen in seinem Wunschdenken? Wenn aber „alles nur subjektiv" ist, wie man heute glaubt, wenn ich mir nur einbilde, mit meinen bloßen (solipsistischen oder kollektiven) Halluzinationen allein zu sein? Kann ich mir sicher sein, ob noch etwas „wirklich" existiert jenseits meiner Imaginationskraft? **Samuel Johnson** riet jemandem, der so redete, einmal mit dem Fuß in voller Wucht gegen einen großen Stein zu treten; der nicht wegzuhalluzinierende Schmerz werde ihm den Beweis schon erbringen. Und wer von „Hallus" gepeinigt wird und doch weiß, dass es nur „Hallus" sind, ist ihnen hilflos ausgeliefert, ohne noch ein belastbares Wahrheitskriterium zu haben.

Wenn ich nur noch an meine Wunschwelt glaube, wird das „Realitätsprinzip" (Freud) mich schmerzhaft daran erinnern, dass Seifenblasen daran zerplatzen. Kann ich aus meinem Alptraum nicht erwachen und bin nicht sicher, ob es nur ein Alptraum ist, muss ich warten oder verzweifelt sterben, also wohl umsonst gelebt haben. Ob nun bloßer Alptraum oder bloßer Wunschtraum, aus dem man (nicht) erwachen kann oder will, die Aporien und Paradoxien einer generalisierten Subjektivität aller Urteile sind erdrückend; Logiker haben das durchgespielt. Zum Glück spricht unser Naturinstinkt gegen solch überzogenen „Idealismus".

„We never advance one step beyond ourselves", schrieb der Skeptiker *David Hume*, und erst der davon beeindruckte *Immanuel Kant* glaubte, in den „synthetischen Urteilen a priori" der Naturwissenschaft einen Ausweg aus der puren Immanenz des menschlichen Bewusstseins gefunden zu haben. Die „antimetaphysischen Neopositivisten" heute bezweifeln das aber wieder mit guten Gründen.

Letztlich ist es zum Glück gleichgültig, welcher der Versionen der Bergsteiger sein Vertrauen schenkt, um seine Haut zu retten, ob er an eine Realität oder

Metarealität außerhalb seiner Vorstellungswelt glaubt oder nicht. Bin ich mir nicht sicher, ob ich mich auf meine Vermutungen verlassen kann und gleichwohl eine Entscheidung nicht vertagen kann, muss ich auf gut Glück wählen.

Der Bergsteiger an der Bergwand, der die Möglichkeit in Erwägung zieht, mit dem Teufel, einem Dämon oder nur seinen eigenen Angsthalluzinationen zu sprechen, tut gut daran, nach einem anderen Helfer zu rufen. Spreche ich nur mit mir selbst oder mit einem Teufel (also mit beiden zugleich), bin ich verloren, auch wenn ich scheinbar gerettet werde, denn die „ganz-andere Realität" jenseits davon wird mich jederzeit schmerzhaft überraschen können, wenn ich sie nicht mit auf meiner "Rechnung ohne den Wirt" habe. Der kleine Witz verbirgt also einige Abgründe des Denkens.

René Descartes konzedierte, dass ein mächtiger Betrüger uns die Existenz der Welt vorgaukeln könne. Sicher sei nur, dass derjenige existieren müsse, der auch nur bezweifle, ob etwas existiere, - oder daran verzweifle. Müssen Existenzbezweifler eine mehr als bezweifelbare Existenz führen? Dagegen wieder gab der Witzbold **Lichtenberg** zu bedenken: Cogito, ergo cogitatio, non sum.

„Ist da *noch j*emand?" Wenn ein Dritter sich meldet, kann ich weiterfragen und verhandeln. Wenn die Stimme „Nein" sagt, „Ich bin der Einzige hier", kann es ja immer noch meine eigene Stimme im psychotischen Selbstgespräch sein. Aber macht das praktisch einen so großen Unterschied, wie der neuzeitliche „Aufkläricht" glaubt? Hilf dir selbst, dann wird dir ein Mächtigerer geholfen haben, doch hilft dir ein Mächtigerer, wirst du dir nicht selbst geholfen haben können.

Erinnert die skeptische Frage dieses Bergsteigers nicht von fern an die Frage, die der alttestamentarische Abraham nicht hätte stellen dürfen, als er mit seinem einzigen (ehelichen) Sohn Isaak allein in der Wüste war - am Berg Moria? Der Wohnort dessen, mit dem Abraham spricht, ist ein Wüstenberg, nicht die Stadt oder eine grüne Au. 40 (vierzig) Jahre Wüstenwanderung eines ganzen Nomadenvolkes dann später als Vorwand - oder als Ziel des Ganzen, wird es (ver)heißen. Der Anführer dieses Nomadenstammes wird mit einem „brennenden Dornbusch" in der Wüste sprechen.

Der schwache Abraham war bereit, den Vertrauenstest zu bestehen. Er war bereit, dieser Befehlsstimme um der vorigen Verheißung willen seinen ehelichen Sohn *Isaak* zu opfern - wie vorher seiner eifersüchtigen Gattin *Sarah* seinen unehelich Erstgeborenen *Ismael* (mit der in die Wüste vertriebenen schwarzen Sarah-Sklavin Hagar, die dann himmlisch beschützt wurde) ...

Hören sie nur Stimmen wie Irre, schizophren abgespaltene Teile ihres eigenen Innenlebens, wie die aufgeklärte Moderne felsenfest glaubt und Antipsychotika verschreibt, um keine grausamen "Gummizellen" in "Klapsmühlen" mehr bemühen zu müssen? War Saulus nur ein Epileptiker gewesen, als er Paulus wurde?

Der Däne **Sören Kierkegaard** hat dieser Frage des Witz-Bergsteigers 1843 seine berühmte Schrift „Furcht und Zittern“ gewidmet. Sein Vater hatte in der Jugend als armer Hütejunge den Ewigen verflucht und glaubte sich später dafür ironisch mit großem Reichtum bestraft. Wie, wenn Abraham sich irrte, irre ging und nur verdammtes Glück hatte?

Der Protestant gegen die protestantische Amtskirche *Kierkegaard,* ein Christ wider das Christentum, ging zurück auf den Frühkirchenlehrer **Tertullian:** „Credo, quia absurdum“. Ich glaube, *weil* es widersinnig und unvernünftig ist, und nicht etwa, *obwohl* es unsinnig ist. Absurdität wird in "höheren" Fragen zum einzigen Wahrheitssiegel: Größere Vernunft der Weisheit sprengt die kleinere Zweckvernunft der Schlauheit. Vertrauen in die Stimme von oben in der Wüste ist kein Resultat eines vernünftigen Schlusses und besonnenen Entschlusses, sondern das "existenzielle Wagnis" eines verzweifelt absurden „Sprungs in den Abgrund“. – Kierkegaards Leibgegner, der rational trockene Hegel, hätte im Grabe rotiert. Und

Kierkegaard konnte selbst nicht "glauben", wie er offen gestand.

Ein Knecht, der seinem Herrn bedingungslos gehorcht, wird beschützt vorm Rest der Welt und besonders vor allen anderen Herr(schaft)en. *„Schutz gegen Gehorsam"* lautet die einschlägige Handelsvertragsklausel sowohl mit Gottvater wie mit Vater Staat und Landesvätern bis heute. Wer nicht pariert, ist geliefert. Wer pariert, dem wird geliefert. Nur der Kismet-"Gottesknecht" werde Herr über alle Herren der Welt.

Der Forscher glaubt mit seiner forschen Urteilskraft an die Existenz einer prüfbaren Außenwelt außerhalb seiner Einbildungskraft, aber nicht mehr an die Existenz einer Außenwelt dieser Außenwelt, die er mit Nietzsche „Hinterwelt" nennt – eine bloße Ausgeburt unserer Innenwelt.

Hätte Abraham ganz menschlich gezögert und die Bergsteigerfrage gestellt, hätte er seinen Isaak vielleicht auch gerettet, aber jede weitere Hilfe dieses himmlischen Bundesgenossen verspielt, dem er nicht bedingungslos vertraute. Denn es genügt nicht zu glauben, dass dieser Nothelfer auch außerhalb unserer Wunschwelt wirklich und wirksam existiert. Solch persönliches Glaubensvertrauen in Unsichtbares verlangt etwas mehr ab als ein hypothetisches Für-wahr-halten bei heutigen Wissenschaftlern.

Aber der arme Bergsteiger im philosophischen Witz
ist ja auch kein Stammvater dreier Weltreligionen,
nicht einmal ein Abraham-light, sondern ein moderner Skeptiker, dessen weiteres Schicksal nicht ohne
Grund ungewiss ist.

Ist dieser Metaphysiker-Witz nun genügend witzlos
totkommentiert?

Eliten unserer Tage
„Dem Adel das Beste, dem Pöbel die Reste"
Führung und Angeführte

"Das allgemeine Wahlrecht gibt der Masse nicht das
Recht zu entscheiden, sondern die Entscheidung der
einen oder andern Elite gutzuheißen."
(Ortega y Gasset)

"Elite – das sind die Leute,
die die Drecksarbeit dirigieren." *("Billy")*

"Elite : der ewige Kampf gegen den Abstieg."
("Billy")

"Elite ist immer eine Minderheit. Aber nicht
jede Minderheit ist eine Elite." *(Erhard Blanck)*

"Wer sich selbst zur Elite zählt, der hat sich
sicher nur verzählt." *(Erhard Bellermann)*

"Die Demokratie repräsentiert den Unglauben
an große Menschen und an Elite-Gesellschaft."
(Friedrich Nietzsche)

*"Nur Elite ist immer genau jener Mob,
von dem sie sich abheben will." (F. H. Lotterfuchs)*

„Als Adam grub und Eva spann, wo war denn da der Edelmann?" Wenn wir nicht ganz so weit zurückschauen, entsteht Erbadel erst seit Beginn der Landwirtschaft gegen Landschaften, in der neolithischen Revolution vor rund 10.000 Jahren. Ackerbau, Viehzucht und Grundbesitz siegten über Jahrhunderttausende von relativ egalitärem Nomadentum.

Der in der Erde herumwühlende sesshafte Bauer vertrieb die vagabundierend müßiggehenden Hirten, Fischer und Sammler und schuftete für vornehmere Lehnsherrn. "Blut *und* Boden" wurden "kultiviert". Die Machthierarchien wurden immer steiler bis zu *Stratifikationen* in sozialen Klassen, die sich hinter machtneutralen Funktionsteilungen immer erfolgreicher und effektiver versteckten. Der "Adel der Menschheit" verschlimmbesserte Gottes Schöpfung, indem er sie zum bloßen Rohstoff eigener Schöpfungen machte. Die Lords wissen es immer besser als der LORD.

„Der Adel, heißt es, ist eine Zwischenstufe zwischen König und Volk. Ja, wie der Jagdhund eine Zwischenstufe ist zwischen Jäger und Hasen."

Das brachte *Nicolas Chamfort* 1793 in den Kerker der *Robespierres*, nicht etwa der Adligen. Was hat sich geändert seit Chamforts Zeiten? Der Erbadel zwischen Monarch und Volk hat sich seit 1789 nur modernisiert : Die bürgerliche Mittelschicht ist stets Sklavin der Oberschicht und zugleich deren privilegierte Sklavenpeitsche gegen die Unterschicht der Arbeitssklavenheere. Die Oberschicht hält sich mittelständische Eliten der Manager, Expertenkulturen und anderer "sozialer Subsysteme".

Adlige, Edelleute, Ritter, Vornehme. – *Aristokratie*: Herrschaft nicht des „Pöbels" (peuple, Volk), sondern der *Aristoi,* der jeweilig „Besten", der Tüchtigsten oder Tugendhaftesten, Reichsten, Geistreichsten, Mächtigsten und der geborenen Führungselite? Die alten Erbdynastien Europas sind seit 1789 entmachtet und durch Eliten des Besitz- und Bildungsbürgertums ersetzt, die „Pfeffersäcke". Seither entsteht mit jeder Stufe des „gesellschaftlichen Fortschritts" ein spezifisch neureicher Neuadel, der den angestammten verdrängt und dysfunktionalisiert.

Moderner Fortschritt ist Fortschritt der naturwissenschaftlich befeuerten Technik, die ihre eigenen taktgebenden "Funktionseliten" hervorbringt, und jede technologische Revolution erzwingt einen passgerechten Elitenwandel. Jedes „ausdifferenzierte Subsystem" *(Niklas Luhmann)* der modernen Industriegesellschaften, Recht, Moral, Kunst, Kultur, Wissenschaft, Militär, Wirtschaft, Macht etc. mit deren jeweiliger „autopoietischen Eigenlogik", rekrutiert stets ihre eigenen Führungseliten, inzestuös aus sich selbst oder durch Blutzufuhr von Außen und Unten, also adoptierte Karrierewillige, die dann besonders übereifrig deren reaktionären Wertekanon vertreten. Wichtig ist stets der „Distinktionszugewinn gegen

Unten" (Elitensoziologe *Pierre Bourdieu*) durch Finanzkapital oder Kulturkapital. So wurde weltweit das alte eurohumanistische Bildungsbürgertum spätestens seit dem 1. Weltkrieg entmachtet durch neuschlaue "Schlotbarone".

Und hier und heute? Wer herrscht, wer führt – und wie und wen und wohin und womit?

Die Anzahl der Milliardäre, heißt es, hat sich im letzten Jahrzehnt ebenso verdoppelt wie die Anzahl der Obdachlosen. Erkennen wir darin das Verhältnis von Elite und "Mob"? *Andreas Reckwitz* vertrat 2017 in seinem vielbeachteten Werk „Die Gesellschaft der Singularitäten – Zum Strukturwandel der Moderne", dass die alten Vorbildeliten der kleinbürgerlichen Handwerker, Beamten, Selbständigen und Gewerbetreibenden zunehmend entwertet werden von einer neuen Elite mit individualistischem Haltungshabitus der linksliberalen, feministischen, multikulturellen und kosmopolitischen „Ökopaxe" und „Bobos" (bourgeoise Metropolen-Bohème). Gegen diese bestechende These steht z.B., dass zwar das Finanzkapital oder „Kulturkapital" *(Bourdieu)* immer internationaler wird, die Geld- und Machtelite selbst aber immer national orientiert bleibt, und vor allem die deutsche.

Eine der heute wichtigsten Quellen der Elite-Seilschaften ist neben Grundbesitz und Bankvermögen nicht das Denkvermögen (das sie ihren korrumpierten Bildungseliten überlassen), sondern der Einfluss über Politiker auf die *Vierte Gewalt* der *Medien* („Wesenskern der modernen Gesellschaft", Theodor W. Adorno), z.B. die öffentlich-rechtlichen Massenkommunikationsmedien.

Der alte Erbfeudalismus lebt übrigens heute vitalisiert fort in familienzentrierten modernen Mafia-Clans, im wörtlichen wie uneigentlichen Sinn verstanden. Sind moderne Hochindustriegesellschaften tendenziell von elitären "Rackets" (*Max Horkheimer* und Sozialwissenschaftler *Wolfgang Pohrt*) unterwandert?

Der Traditionsadel wich einem Schwertadel, der Schwertadel der „Frondeure" dem Hofadel von Versailles, der Hofadel des absolutistischen Sonnenkönigs dem selbstbewussten „Geistesadel" (Nietzsche) und dieser dem versierten „Bildungsphilister"-Nerd am PC. Was sind die Führungseliten heute? Sind es flippige Kulturindustrielle gegen den humanistischen Bildungsbürger, sind es gewerkschaftliche „Arbeiteraristokraten" gegen staatlich subventionierte „Waldbarone", sind es politisierte Medienschaffende gegen „engagierte Kulturschaffende"?

Wo sind die wahren neuen Adelsgruppen heute? Langer Rede kurzer Widersinn : Ich weiß es kaum. Man müsste sich die Namensregister der teuersten Weltinternate ansehen können, wo die Top-Eliten ihren Nachwuchs schulen lassen.

Oder ist jede Elite der demokratisch mehr oder weniger ungewählten „Auserwählten" stets selbsternannt wie der grüne Öko-Adel? Heute brauchen die Mächtigen wohl nicht einmal mehr Religion oder Ideologie, um den ausgebeuteten Untertan daran zu hindern, sie umzubringen, wie ein Napoleon sagte.

Ideologien und Utopien liegen nicht mehr in den Köpfen, sondern längst realisiert im gesellschaftlich Bestehenden, als nackte Gewalt der rational „verwalteten Welt" *(Max Horkheimer)*. Die westliche Welt tendiert formal demokratisch zu einer rundumverwalteten "Umwelt", die von Verwaltungsexperten wie *Niklas Luhmann* systemtheoretisch korrekt beschrieben wird : als "stählernes Gehäuse" *(Max Weber)* der modernen Zivilisation ein technisch durchorganisiertes neoliberales Sodom & Gomorrha (dessen Ende bekannt sein sollte) ...

Die vermeintlichen "Leistungseliten" leisten sich so einiges als Leitungseliten, immer und überall. *Satire* lebt übrigens davon, den jeweiligen Werte-kanon der erfolgreich neuen Eliten im Namen des Wertekanons überlebter Eliten zu verspotten und als ungeschliffene Neureichs zu verhöhnen. Das ist die Crux jeder kritischen Satire. Satiriker sind Leute von Gestern, welche im Namen ihrer geschichtlich verurteilten Werte die Werte von Heute und Morgen sich blamieren lassen wollen. Nichts wäre heute so wichtig wie Satire, und nichts wird langsam ohnmächtiger als Satire, die ans reale, komfortable Grauen der

Welt nicht mehr heranreicht, sondern ohnmächtig daran abgleitet, wie *Adorno* in den „Minima Moralia" (1951) erkannte.

Nebenbei : Die Einzigen, die jede Teilung in Adel und Volk, Leitelite und Manövriermasse, Oligarchen und Demokraten, ablehnen, sind die Anarchisten und „Maschinenstürmer", die immer und überall eine schlechte Presse haben, selbst bei geborenen Untertanen und Drecksarbeitern. Eine lebensfähige Anarchie hält beinahe jedermann für eine Horrorherrschaft von Chaoten und Komikern über Recht und Ordnung. Warum eigentlich ?

Wo (ver)stecken (sich) die heutigen Obertanen, und sind Eliten nur Wichtigtuer, die lediglich das Anordnen gelernt haben? Parteibuch-Vetternwirtschaft, die sich selbst zur "Sachpolitik" nobilitiert und den "mündigen Bürger endlich mitnimmt"? Sind moderne Adelsgruppen "von Gottes Gnaden"? Wird die Demokratie bedroht und verzerrt durch brandneue Eliten? Gilt „conspicuous consumption" oder "gated community" noch als gut republikanisch sozialneidgerecht? Die Oberschicht der dreihundert Spitzenfamilien kennen nicht einmal Sozialwissenschaftler sehr gut. Oder sind die hiesigen Landeseliten heute eher vorwiegend friedens-, frauen-, forst- und vaterlandwirtschaftsbewegter Alternativ-Adel und somit von Anfang an wertkonservativ rechtslastig motiviert? Wie sollen nacktes Elend und nackte Wahrheit den Gürtel enger schnallen, lieber Adel?

Witzlose Philosophie
eines philosophischen Witzes?

Der geniale Logiker Sherlock Holmes und Dr. Watson sind zum Zelten unterwegs im freien Gelände. Nach einem guten Abendessen und einer Flasche Wein ziehen sie sich für die Nacht zurück und legen sich schlafen. Nach einigen Stunden der Nachtruhe im Zelt wacht Holmes auf und stupst seinen Freund an.

"Watson, schauen Sie zum Himmel hinauf und sagen Sie mir, was Sie sehen."

"Ich sehe Sterne, Holmes", antwortet er. "Millionen und Abermillionen viele Sterne."

"Und welche Schlussfolgerungen ziehen Sie daraus?", fragt Sherlock Holmes.

Watson überlegt eine Weile. "Nun, astronomisch gesehen, sagt es mir, da sind Millionen Galaxien und wahrscheinlich Milliarden Planeten. Im astrologischen Sinne beobachte ich, dass Saturn im Löwen steht. Horologisch kann ich für die Uhrzeit ableiten, dass es Viertel nach drei ist. Meteorologisch betrachtet, folgere ich, dass das schöne Wetter noch ein paar Tage anhält. Theologisch sehe ich die Macht Gottes und dass wir ein kleiner und unbedeutender Teil des Universums sind. Was sagt es Ihnen, Holmes?"

"Watson, Sie sind ein Narr!", ruft da Holmes.

"Jemand hat unser Zelt gestohlen."

"A serious and good philosophical work could be written and would consist entirely of jokes."
(Ludwig Wittgenstein)

Es macht sicher mehr Spaß, dröge Philosophien in launige Witze übersetzt zu sehen, als umgekehrt eine lang(weilig)e Philosophie aus kurz(weilig)en Witzen herausziehen zu müssen, als "Moral von der Geschicht". Viele erinnert das allzu qualvoll an ihre Schulzeit, als (an sich fesselnde) Literatur in „Besinnungsaufsätzen" durch „Interpretationen" ungenießbar zu machen war. Witze, pointierte Anekdoten und „geistreiche Sprüche kommentieren hieße Schmetterlinge mit Hufeisen beschweren" *(Martin Kessel)*. Versuchen wir es trotzdem, den gutwilligen Leser nicht zu vergraulen und diesen philosophischen Witz nicht allzu witzlos zu verphilosophieren.

Sherlock Holmes und sein Busenfreund Dr. Watson zelten oder übernachten aus welchen Gründen auch immer im selben Zelt. Sein biederer Adlatus sieht beim Erwachen in der Frühe nur Sterne, den astronomischen Nachthimmel, die theologischen Wunder der Schöpfung, die meteorologische Tagesprognose und sein astrologisches Sternbildhoroskop. Aber er sieht eben nicht kriminologisch, was plötzlich gar nicht mehr zu sehen ist, um alles das nur überhaupt sehen zu können.

Nur Sherlock sieht, dass er das „Dach überm Kopf" nicht mehr sieht, das gewöhnlich erst einmal direkt über unseren sesshaften Köpfen zu erwarten wäre und hier ein Zeltdach ist. Watson schwärmt, und Holmes holt ihn mit einem einzigen kurzen Satz auf den Teppich zurück, ja, verwandelt Watsons Vernunft in Unsinn. Der detektivische Nurlogiker sieht im Gegensatz zu seinem stets dienstwilligen und menschlicheren Helfer, dass er etwas im Moment viel Wichtigeres als die Sterne eben *nicht* sieht : das Zeltdach über ihnen, das bei dem schönen Wetter nicht weggeflogen sein kann, sondern ihnen wohl im Schlaf unbemerkt geklaut worden sein muss.

Holmes muss dazu kein trockener Realist sein, der einen Romantiker einfach desillusioniert. Auch er kann vielleicht fähig sein, Himmel und Sterne nächtens zu bewundern, indem er zuweilen aus dem Haus tritt oder aus dem Fenster schaut, aber wenn die Möglichkeit dazu plötzlich nur dadurch erkauft scheint, dass einem das Dach überm Kopf gestohlen wird, hört für ihn die Naturschwelgerei schlagartig und schlagfertig auf, und der trainierte Ermittler erwacht schon in aller Herrgottsfrüh.

Im Moment sieht Sherlock *nur*, was an Erwartbarem *nicht* mehr zu sehen ist. Ihm fällt *nur* das auf, was seinem Kollegen als einziges *nicht* auffällt, und er vollzieht damit das, was moderne Kommunikationstheoretiker ein „**Reframing**" nennen, eine radikale Situationsumdeutung und „Referenztransformation". Der Austro-Amerikaner *Paul Watzlawick* und seine Kollegen aus dem kalifornischen Palo Alto

haben daraus eine ganze „Interaktionsphilosophie"
und psychologische „Provokationstherapie" gezim-
mert, wie man vertrackte Probleme einer Lösung
näher bringen kann durch plötzlichen „Wechsel des
Bezugsrahmens", Probleme, die durch bloßes „Im-
mermehr vom Immergleichen" im stets selben ein-
geschliffenen „Referenzkontext" eben immer unlös-
barer zu werden drohen.

Mal ein anderer, nicht ganz so naheliegender Blick-
winkel oder eingrenzender „Bildrahmen" ermöglicht
es oft, eine verfahrene Situation verblüffend neu zu
verstehen und viel zielführender zu bewerten. Allzu
gewohnte Perspektiven werden dazu probeweise
einmal mit anderen Augen suspendiert, enthüllen
bisher übersehene Züge in einem versuchsweise
geänderten „Bezugssystem". Die kreative Beweg-
lichkeit solch *hypothetisch* in Gedanken durchpro-
bierter Bilderrahmenwechsel lässt sich durchaus
antrainieren und damit die Originalität von „Prob-
lemlösungskapazitäten" – puh!

Statt endlos neue Einzelheiten aufzuhäufen und in
ein mechanisch gewordenes Gesamtbild (Basistheo-
rie) einzutragen, ist es zuweilen, wenn das nicht
helfen will, ungleich fruchtbarer, geistesblitzartig
nur den umgreifenden Hintergrundszusammenhang
selbst zu variieren.

Vulgo : Manchmal sieht man den Wald vor lauter
Bäumen (oder die Bäume vor lauter Wald) nicht

mehr. Dann kann es helfen nachzusehen, ob es sich überhaupt um einen Wald handelt (oder Bäume) oder vielleicht nur um ein entwendetes Zeltdach unterm nächtlichen Sternenhimmel.

Was vollzieht alle Philosophie seit *Sokrates* denn anderes als solch unablässige hypothetische „Paradigmenwechsel" *(Thomas Kuhn)* in Grundgedanken (und keine empirisch testbaren Tatsachenvermehrungen innerhalb einer je einzelwissenschaftlichen Theorie)? Wenn ein Theorie-Kern immer kompliziertere Hilfskonstruktionen und umständlichere Zusatzannahmen braucht, um nicht hineinpassende Beobachtungsdaten noch erklären zu können, wird es Zeit, sich nach einer alternativen und einfacheren Theorie umzusehen, statt die alte immer weiter auszuflicken. *Albert Einstein* z.B. war solch ein gewitzter Sherlock Holmes der Physik um 1900 gewesen, als allein er das Zeltdach über Raum, Zeit und Materie vermisste.

Besonders geniale philosophische Sherlock Holmes der europäischen Geistesgeschichte waren da z.B.: Platon, Aristoteles, Thomas von Aquin, Descartes, Spinoza, Leibniz, Kant, Fichte, Schelling, Schopenhauer, Nietzsche, Husserl, Heidegger, Adorno und Wittgenstein – open end ...

Betriebsklima sau(ber)mäßig!

Mit "globalem Klimaschutz" werde ich mich erst befassen, sobald der soziale Besitzstandsschutz global aufgehoben ist − also niemals. Und viel bedrohter als die grüne Natur ist die menschliche Natur ihrer Industriebearbeiter!

Drohende Erdversteppung, tobende Stürme, kalbende Gletscher − und wir ersaufen im Meer wie der Sklavenstaat *Atlantis*?

Das Weltall ist die Umwelt unserer Umwelt und der Ökologismus die alte Ideologie unseres Zeitgeistes. Erdmutter *Gaia* hat das Patriarchat besiegt, das es hier niemals gab, und grünes Betriebsklima floriert produktions- und profitsteigernd.

Die Klima(vor)schützer haben sich mit den Umwelt-(vor)schützern zusammengetan, um durch ökologische Probleme abzulenken von ökonomischen Problemen und die viel ältere und dringlichere *"soziale Frage"* wie gewohnt dahinter zu verstecken. Seit vier Jahrzehnten ist nun schon von Klimahandel und -wandel zu lesen und aus allen Lautsprechern zu hören. Man kann es nicht mehr hören, weil man es zu oft gehört hat. Vielleicht war Abstumpfung sogar der Sinn dieser Dauerindoktrinationen.

Weniger als nichts ist seither gemacht,
doch mehr als alles ist dazu gesacht …

Die hysterisch-historische *Menschheitsaufgabe* und *Menschheitsherausforderung* (Kanzlerin) ist längst unter den Teppich zerredet und taugt nur zu parteitaktischen Feiertagsfloskeln. Sogenannte allumfassende „Menschheitsprobleme" wurden noch niemals gelöst, klingen aber immer propagandistisch herzerwärmend. Seid umschlungen, ihr Millionen (oder gleich Milliarden), und diesen Bruderkuss der ganzen Umwelt!?

"Ökologischer Umbau der Gesellschaft" heißt die eingehämmerte Parole. Jedoch mit welchen Leuten man da plötzlich im selben Weltklimarettungsboot einträchtig zusammensitzen soll, Leuten, mit denen man gewöhnlich im todernsten Klassenkampf liegt – oder besser liegen sollte! Kosmopolitische Ökokosmetik ist "angesagt".

"Erneuerbare Energien" statt "fossile Brennstoffe": Ein bisschen teures "E-Mobil", das zur Produktion enorm viele Energien und Rohstoffe frisst, ein bisschen "Windrad", das niemand hinter seinem Häuschen donnern hören will, ein bisschen neue „Starkstromtrasse", die niemand über seinem Kopf oder unter seinen Füßen haben will, ein bisschen mehr Sonnenschein ("Solarenergie") in einem traditionell verregneten Land unter grauem Himmel. Nationaler Alleingang gefährdet nur die Wettbewerbsfähigkeit:

Die ganze Welt muss da mitmachen, doch die hustet
uns Moralaposteln was.

Von (CO2-freier) Kernenergie und Atomindustrie
versteht das gemeine Volk viel zu wenig, um dazu
eine begründete demokratische Entscheidung treffen
zu können – weltweit ohnehin nicht. Das Für und
Wider wird da gekonnt propagandistisch eingeheizt
oder von Expertokratien über die Köpfe der Mehrheit hinweg angeordnet.

Keine Kohle in die Luft mehr, aber auch keine Kohle in die Hand mehr. Die Atemluft ist dann am Ende
reichlich rein, aber die Armen sind immer noch arm
und leben von sau-berer Luft und Liebe. – „Klimafreundliche Umweltpolitik" heisst ja, die nächsten
profitträchtigen digital-elektronisch brandneuen KI-
Supertechnologien uns schmackhaft zu machen und
einzuführen – also dieselbe „ökonomische Scheiße"
(Marx) in Grün.

Klimafreundliche Konsumaskese allerdings, die nun
"nachhaltig" wirklich etwas bringen würde, ist nicht
einmal in Diktaturen durchsetzbar, die eine Massen-
zustimmung zu Überwachungsstaat und Menschen-
rechtsverzichten sich ja erkaufen müssen mit Garan-
tien von steigendem Massenwohlstand, wenn kein
Massenaufstand riskiert werden soll. Seit das christliche Europa tot ist, sind Genügsamkeit und Askese
eher Perversionen als verdienstliche Tugenden.

Vor vier Jahrzehnten schon war der Politslogan zu hören und zu lesen : „Friede, Frauen, Forst und Vaterlandwirtschaft!". *Alternative* Unisex-"Ökopaxe" beherrschten die Medien. Aber es war alles fauler Zauber zur Massenmobilisierung durch professionelle Strippenzieher im Hintergrund, schon damals intransparent bis zu pottendusterer Finsternis.

Die berühmten Katastrophenprognosen des „Umweltreports 2000" und des „Club of Rome" trafen bis heute auch nicht annähernd ein und waren Makulatur von Anfang an − und das nicht etwa deshalb, weil gegen "sauren Regen" und "Ozonlöcher" seither so viel unternommen worden wäre. − Nur die Reichen wurden immer reicher, nur die Armen blieben arm wie immer.

Entweder wird der ikonenhafte Allzweckretter "E-Mobil" (neben "SUV") zum raren Luxusartikel der Begüteteren oder das Volks-E-Mobil für jeden Erdhaushalt sprengt jedes internationale "Weltklimaziel" von vornherein. Aus dieser Zwickmühle gibt es gar keinen pragmatischen Ausweg. Das weltweite Elektromobil (neben SUV) für Herrn und Frau Jedermann würde durch fälligen Straßenausbau die zur Welternährung nötigen Bio-Ackerflächen mehr als nur bedrohen.

Mit Bus und Bahn wird doch auf Dauer niemand sich hier fortbewegen wollen, und die luftverpestenden Flugreisen werden umso häufiger, je mehr von

"Klimaschutz" die heuchlerische Rede ist : Die private Ökobilanz, der "grüne Fußabdruck" des durchschnittlichen Hochindustrienutznießers von heute, bleibt stur und unheilvoll klimakatastrophal.

Der übliche Panik-Alarmismus, der immer schon viel mehr weiss als die seriöse Wissenschaft, verhindert eher, was er erreichen zu wollen vorgibt. „Ich kenne keine Parteien mehr, nur noch arme Umweltopfer", würde ein *Kaiser Willem* heute dem gemeinen Volk vom Balkon zurufen (um ins Exil zu gehen mit Eisenbahnladungen voller Luxusgüter). Und Kinderkreuzzüge gegen den Klimawandel sind längst realpolitisch instrumentalisiert von diversen Rattenfängern.

Die Reichen wollen auf PKW, Biofleisch und Flieger nicht verzichten, und die Armen weltweit wollen das alles schnellstens auch kriegen. Bisher blieben Klimabelastung und Rohstoffraubbau durch die Industriewelt allein deshalb noch gerade erträglich, weil nur der kleinere und entwickeltere Teil der Erde jedem seiner Bürgerhaushalte Flugreisen, Bio-Fleischalltag, eigene PKW und andere Klimakiller garantieren konnte.

Erst dann, wenn ein jeder Erdbewohner den durchschnittlichen Lebensstandard der entwickelten Industrienationen erreicht, und das und nur das ist das erklärte (und demokratisch legitime) Mehrheitsziel, macht die Natur schlapp und die Menschheit kann sich im astronomischen All neue Exo-Planeten suchen für ihre SF-kindischen Kolonisationsfeldzüge.

Hausgemachte Naturkatastrophen in Folge? Doch niemand sollte von menschgemachtem Klimawandel und anthropogen energiesparender Erderhitzung sprechen dürfen, der nicht vom Industrialismus selber sprechen will. Die Risikofolgen der Hochindustrialisierung durch noch mehr Hightech bekämpfen? Der Speer soll die Wunde heilen, die er schlug, wie der Dichter sagt?

Das naturwissenschaftlich inspirierte Industriezeitalter möge eine historische Episode bleiben, hinter die es nicht zurückzufallen gilt, doch welche geistig möglichst bald überwunden werden sollte, um nicht zu viel von ihr zu erwarten. Die geöffnete Büchse der Pandora verkauft sich allzu gut als magisch unerschöpfliches globales Füllhorn, doch von dem, was die Industriewelt der grünen Natur antut, sollte niemand sprechen dürfen, der nicht von dem sprechen will, was sie der menschlichen Natur ihrer Naturbearbeiter antut, tagtäglich and in the long run.

Die uns zur "zweiten Natur" gewordene wissenschaftlich-technische Naturbeherrschung trifft jeden noch unheilbar verheerender als alles, was die Natur selbst uns per Katastrophen antun kann.

Das haben wir bis heute erst halb verstanden. Digitalisierte Öko-Industrie 7.0 ist selbst nur ein integra-

ler Teil des Problems, das sie "klimaneutral" lösen
zu können verspricht.

Mit Wetter und Klima werden wir schon fertig, doch
der Schaden, den die Demokratie durch grassierende
Umweltbewegungen, Klima-Ideolog(i)en und Öko-
psychosen nimmt, wird langsam irre-parabel. Damit
werden wir noch länger leben müssen als mit den
Klimaschwankungen vor der nächsten Eiszeit, vor
nächstem Kalten Krieg, coolen Kids und frigiden
Frauen. Ist das Betriebsklima in Industriefabriken
besser als das Jahresklima des Landes?

Demagogen setzen uns die Pistole auf die Brust :
"Entweder Öko-Diktatur oder Klimakatastrophe!"

Weltklima oder Betriebsklima? Die sozial-ökono-
mische Demokratenfrage ist dringlicher, die global-
ökologische Demagogenfrage nur aufdringlicher.

Vor der einen großen grünen "Menschheitsfrage"
verschwinden die kleinen Unterschiede zwischen
upper and lower class, Macht und Ohnmacht, Arbeit
und Kapital erst einmal wieder zu querulantischen
Nebenschauplätzen?

Alle reden vom Klima. Ich nicht.
Ich rede von Klimagerede.

Mann und Frau 2020

Welches der beiden Geschlechter ist schlechter oder gar Schlächter? Läuft der Geschlechtsverkehr verkehrt und wird nun umgeleitet?

Mann und Frau 2020: Wie geht es weiter mit dem ewigen „Geschlechterkrieg", dem Kampf der Facts and Fakes, der gegenseitigen Verdächtigungen und Verleumdungen, der Unterstellungen und Ressentiments, Verurteilungen. Vorurteile und Vorwürfe? Was ist künftig zu erwarten, und steht auf diesem Schlachtfeld mehr zu hoffen als zu fürchten?

Flirtversuche, längst als "übergriffiges Anbaggern" gebrandmarkt, unterlässt *mann* inzwischen tunlichst, aus Angst vor Anzeigen wegen *sexual harassment* (at work or at home) − #MeToo sei Dank. Proteste von prominenten und erfahrenen Frauen aus der Medienbranche gegen drohende Flirtverteufelungen werden neofeministisch abgeschmettert und weggebügelt mit *radical chic.*

Mann und Frau sind nicht mehr zufrieden, sondern sie lassen sich jetzt zufrieden und am besten ganz links liegen. Jeder der beiden geht seiner Wege, rette sich, wer kann. Beide sind frei : Es steht nichts mehr zwischen den Geschlechtern, weil nichts mehr zwischen ihnen ist – nichts als das Nichts selber.

Der Sozialwissenschaftler *Wolfgang Pohrt* hat den ganzen Feminismus seit Alice Schwarzers Vorbild Simone de Beauvoir in einer Kapitelüberschrift seines Buches „Kapitalismus forever" (Berlin 2012) auf den springenden Punkt gebracht : „Die Frauenbewegung hat das Kapital vom Arbeitskräftemangel befreit", nicht die Frauen von Küche und Kindern, Chefs und Ausbeutern. – Die Frauenbewegung hat wie die Arbeiterbewegung gesiegt : Frauen und Proleten werden dauernd bewegt, mobilisiert und in Bewegung gehalten. Die erfolgreichen Kampagnen sorgten nur für Modernisierungsschübe der Wirtschaft, das ist alles – außer einigen überfälligen psychologischen Lockerungsübungen.

Spätestens seit den Weltkriegen hatten die *Trümmerfrauen*, welche für ihre gefallenen Männer ihren Mann stehen mussten, sich emanzipiert von Heim und Kindeskeim. Die passende "Pille" hat das dann nur ratifiziert. Der Krieg, laut Heraklit „der Vater aller Dinge", war eben immer der größte Slumclearer und Modernisierer jeder Gesellschaft, allem faulen "Friedensgesabbel" zum Trotz.

Nun haben wir weniger Heimchen am Herd und Muttchen an Windeln, sondern Doppelverdienerehepaare als Zugewinngemeinschaften (z.B. **Dinks:** „double-income-no-kids"). Inzwischen hat sich die

Sache schon teilweise wieder umgedreht. *Pump and dump* : Frauenheere am Arbeitsplatz erzeugen schon Lohndrücker_Innen.

Der weibliche „Penisneid" *(Freud)* ist dahin und hat eher produktivem männlichen „Gebärneid" Platz gemacht. Die „Autorität des Phallus" existiert nur noch in der zunehmend homosexualisierten Männerwelt, also nicht mehr zwischen den Geschlechtern. Dort ist sie ersetzt durch die Autorität der Kinder über ihre Eltern wie der Kindeskinder über ihre Großeltern.

Eine Zeit lang erhoben „anti-autoritäre" Eltern und Erzieher ihre Brut zur höchsten und einzigen Autorität über sich und lassen sich von ihren eigenen Kindern auf der Nase herumtanzen wie bei den heute zu überfürsorglichen „Helikopter-Eltern", die da ihren Nachkommen nichts ersparen, indem sie ihnen alles ersparen wollen. Falls es überhaupt noch zu Kindern und Kindeskindern kommt in dieser abtreibenden "Kultur des Todes" *(Papst Johannes Paul II.)*.

Ein Patriarchat hat es in unseren Breiten übrigens niemals gegeben. Das war immer ein bloßer Mythos oder eine alttestamentarische Utopie geblieben wie die sogenannten „Menschenrechte". Hier gibt es auch heute so wenig ein Patriarchat wie ein Matriarchat, sondern entweder nur Vorherrschaft von nie erwachsen gewordenen dummen Jungen oder von

protestantisch rigiden Höheren Töchtern und ihren
sterilen Amazonenheeren.

Cherchez la femme! Kriegerstaaten waren schon laut
Aristoteles meist dominiert von ehrgeizigen Hinter-
grundfrauen. Nur "patriarchalische" Fassade : Die
Kampfmaschinen, gegen zu schwache Gatten ödipal
aufgehetzte Söhne, wurden von ihren harten, gede-
mütigten Rachemüttern ungerührt ins Feuer geschickt, um deren ambitionierte Aufträge für sie zu
erledigen. Und wehe, die Söhne kamen geschlagen
aus den Kriegen zurück, dann drohte Liebesentzug!
(*Hans Erich Nossack* hat diese Brutpflegeform auch
im "preußischen Sparta" wiedergefunden.)

Kurz : Auch moderne Gesellschaften homosexuali-
sieren sich eher, als dass sie Patriarchate werden.

„Sonderbar, Väter werden fast immer vergessen.“
(Theodor Fontane, 1896)

„Manche Menschen hängen wohl darum so sehr an
der Natur, weil sie als verzogene Kinder sich vor
dem Vater fürchten und zu der Mutter ihre Zuflucht
nehmen.“ *(Friedrich von Hardenberg : Novalis)*

„Des Vaters Segen bauet den Kindern Häuser,
aber der Mutter Fluch reißet sie nieder.“
(Sirach 3, 11)